Sous Vide

Delicatessen a la Perfección

Alejandro Gómez

Índice

sopa de pollo 10
Salsa de cebolla pomodoro 11
puré de pimienta 12
Chile jalapeño 13
Sopa de res 15
Espolvorea con ajo y albahaca 17
Salsa balsámica con miel y cebolla 18
Salsa de tomate 20
Caldo de mariscos 21
sopa de pescado 22
Aderezo de espárragos 23
Sopa de verduras 25
Queso edamame tabasco con ajo 27
Puré de hierbas de guisantes 29
Puré de salvia frito 31
Espárragos en mantequilla con tomillo y queso 33
Deliciosa chirivía con glaseado de miel 35
Sándwich con crema de tomate y queso 37
Ensalada de remolacha y arce con anacardos y Queso Fresco .. 39
Pimiento dulce con coliflor 41
Crema de calabaza de otoño 43
Sopa de patata, apio y puerro 45
Ensalada verde con limón y arándanos 47
Maíz cítrico con salsa de tomate 48

Coles de Bruselas Tamari jengibre con sésamo 50
Ensalada de remolacha y espinacas 52
Ajetes verdes con menta 54
Coles de Bruselas al vino blanco 56
Ensalada de remolacha y queso de cabra 57
Sopa de coliflor y brócoli 59
Guisantes con mantequilla y menta 61
Coles de Bruselas en almíbar dulce 62
Rábanos con queso de hierbas 64
Repollo balsámico al vapor 66
tomates fritos 67
Ratatouille 68
sopa de tomate 70
remolacha guisada 72
lasaña de berenjena 73
sopa de champiñones 75
Risotto vegetariano con parmesano 77
sopa verde 78
Sopa de verduras mixtas 80
Wontons vegetarianos con pimentón ahumado 82
Miso de quinua y apio 84
Ensalada de rábano y albahaca 86
mezcla de pimientos 87
Quinua, cúrcuma y cilantro 88
Frijoles blancos con orégano 89
Ensalada de patatas y dátiles 91
Pimientos 93

Una mezcla de verduras de uva. 94
Plato de menta con garbanzos y champiñones. 95
caponata de verduras 97
Acelgas al vapor con lima 98
Brebaje de vegetales de raíz 99
Repollo y pimientos en salsa de tomate 100
Plato de lentejas y tomate 101
Pilaf de arroz con pimentón y pasas 102
Sopa de yogur con comino 104
Calabaza de verano con mantequilla 106
Chutney de curry con nectarinas 108
Mermelada de patatas doradas con romero 110
Peras al curry y crema de coco 111
Pasta blanda de brócoli 112
Deliciosos dátiles y chutney de mango 113
Ensalada de mandarina y judías verdes con nueces 115
Crema de guisantes con nuez moscada....................................116
Puré de brócoli sencillo..117
Sopa con chile rojo y brócoli 118
Maíz miso con pimiento y sésamo y miel 120
Empanadillas de crema con guisantes 122
Ensalada de manzana con miel y rúcula 124
Carne de cangrejo con salsa de mantequilla de lima 126
Salmón rápido en el lado norte 127
Deliciosa trucha con salsa de mostaza y tamari 128
Atún en sésamo con salsa de jengibre 129
Rollitos divinos de cangrejo y limón con ajo 131

Pulpo frito picante con salsa de limón 133
Brochetas criollas con camarones 135
Camarones con salsa picante 137
Hoja de mar con chalota y estragón 138
Mantequilla de bacalao con hierbas y limón 140
Toma un resoplido de Beurre Nantais 142
Copos de atún 144
Vieiras en mantequilla 145
sardinas a la menta 146
Dorada al vino blanco 147
Ensalada de salmón y repollo con aguacate 148
salmón al jengibre 150
Mejillones en zumo de lima fresco 151
Filetes de atún marinados en hierbas 152
Tortitas De Cangrejo 154
El chile se está derritiendo 156
Filetes de bagre marinados 158
Camarones al perejil con limón 160
Fletán al vacío 161
Sal con mantequilla de limón 163
gulash de albahaca 165
tilapia sencilla 166
salmón con espárragos 167
Curry de caballa 168
Pulpo al romero 169
Camarones fritos al limón 170
Pulpo a la brasa 171

Filetes de salmón salvaje 173
guiso de tilapia 175
Mejillones a la mantequilla con bolitas de pimiento 177
trucha al cilantro 179
Anillas de calamar 180
Ensalada de chile con camarones y aguacate 181
Hojaldre rojo mantecoso con salsa de cítricos y azafrán 183
Lomo de bacalao envuelto en sésamo 185
Salmón cremoso con salsa de espinacas y mostaza 187
Mejillones a la pimienta con ensalada fresca 189
Deliciosos mejillones con mango 191
Puerros y gambas con vinagreta de mostaza 193
Sopa de coco con camarones 195
Salmón a la miel con fideos soba 197
Deliciosa langosta con mayonesa 199
Cóctel de fiesta con camarones 201
Salmón al limón con hierbas 203
Colas de langosta con mantequilla salada 205
Salmón tailandés con coliflor y fideos de huevo 206
Lubina ligera con eneldo 208
Camarones fritos con chile dulce 209
Gambas tailandesas afrutadas 211
Gambas al limón al estilo Dublín 213
Jugosos mejillones con salsa de ajo y chile 215
Camarones al curry con fideos 217
Delicioso bacalao a la crema con perejil 218
Pot de Rillettes francés con salmón 220

sopa de pollo

Tiempo de preparación + tiempo de cocción: 12 horas 25 minutos | Comidas: 3

Ingredientes:

2 kilos de pollo, cualquier parte - muslos, pechugas
5 vasos de agua
2 tallos de apio, picados
2 cebollas blancas, picadas

instrucciones:

Haga un baño de agua, ponga el Sous Vide y póngalo a 194 F. Divida todos los ingredientes en 2 bolsas de vacío doblando la parte superior de la bolsa 2-3 veces. Colocar al baño maría. Configure el temporizador en 12 horas.

Cuando se detenga el cronómetro, retira las bolsas y transfiere los ingredientes a la olla. Cocine los ingredientes a fuego alto durante 10 minutos. Apagar el fuego y colar. Utilice el caldo como base de sopa.

Salsa de cebolla pomodoro

Tiempo de preparación + tiempo de cocción: 30 minutos | Comidas: 4

Ingredientes

4 tazas de tomates, partidos por la mitad y sin semillas
½ cebolla picada
½ cucharadita de azúcar
¼ taza de orégano fresco
2 dientes de ajo, picados
Sal y pimienta negra al gusto
5 cucharadas de aceite de oliva

instrucciones:

Preparar un baño maría y colocar en él el sous vide. Ajuste a 175 F. Coloque los tomates, el orégano, el ajo, la cebolla y el azúcar en una bolsa con cierre al vacío. Liberar el aire exprimiendo el agua, cerrar y sumergir la bolsa en un baño maría. Hervir durante 15 minutos.

Cuando se detenga el cronómetro, retire la bolsa y transfiera el contenido a una licuadora y licue durante 1 minuto hasta que quede suave. Espolvorea la parte superior con pimienta negra.

puré de pimienta

Tiempo de preparación + tiempo de cocción: 40 minutos | Comidas: 4

Ingredientes:

8 pimientos rojos sin semillas
⅓ taza de aceite de oliva
2 cucharadas de jugo de limón
3 dientes de ajo machacados
2 cucharaditas de pimiento dulce

instrucciones:

Hacer un baño de agua y colocar el Sous Vide en él y ponerlo a 183 F. Poner la pimienta, el ajo y el aceite de oliva en una bolsa con cierre al vacío. Liberar el aire exprimiendo el agua, sellar y sumergir las bolsas en un baño de agua. Configure el cronómetro en 20 minutos y cocine.

Cuando el cronómetro se detenga, retira la bolsa y ábrela. Coloque el pimiento y el ajo en una licuadora y mezcle hasta que quede suave. Coloca la sartén a fuego medio; agregue puré y otros ingredientes. Hervir durante 3 minutos. Sirva caliente o frío como salsa.

Chile jalapeño

Tiempo de preparación + tiempo de cocción: 70 minutos | Comidas: 6

Ingredientes:

2 chiles jalapeños

2 chiles verdes

2 dientes de ajo machacados

1 cebolla, solo pelada

3 cucharaditas de orégano en polvo

3 cucharaditas de pimienta negra en polvo

2 cucharaditas de romero en polvo

10 cucharaditas de anís en polvo

Instrucción

Haga un baño de agua, coloque el Sous Vide dentro y póngalo a 185 F. Coloque el pimiento y la cebolla en una bolsa sellada al vacío. Liberar el aire exprimiendo el agua, cerrar y sumergir la bolsa en un baño maría. Configure el cronómetro en 40 minutos.

Cuando el cronómetro se detenga, retira y abre la bolsa. Coloca el pimiento y la cebolla en una licuadora con 2 cucharadas de agua y licúa hasta que quede suave.

Pon la olla a fuego lento, agrega la pasta de pimentón y el resto de ingredientes. Hervir durante 15 minutos. Apague el fuego y enfríe. Guárdelo en un especiero, refrigérelo y úselo dentro de los 7 días. Úselo como especia.

Sopa de res

Tiempo de preparación + tiempo de cocción: 13 horas 25 minutos | Comidas: 6

Ingredientes:

3 kilos de pierna de res

1 ½ libras de huesos de res

½ libra de carne molida

5 tazas de pasta de tomate

6 cebollas dulces

3 cabezas de ajo

6 cucharadas de pimienta negra

5 ramitas de tomillo

4 hojas de laurel

10 vasos de agua

instrucciones:

Precaliente el horno a 425 F. Coloque los huesos y los muslos de res en una fuente para horno y unte con pasta de tomate. Agrega el ajo y la cebolla. Dejar de lado. Pon la carne picada en otra sartén y tritúrala. Coloca las bandejas en el horno y hornea hasta que se doren.

Después de hornear, escurrir la grasa de la sartén. Haga un baño de agua en un tazón grande, colóquelo en Sous Vide y ajuste a 195 F. Separe la carne molida, las verduras asadas, la pimienta negra, el tomillo y las hojas de laurel en 3 bolsas de vacío. Saca el agua de las ollas y agrégala a las bolsas. Dobla la parte superior de las bolsas de 2 a 3 veces.

Coloca las bolsas al baño maría y fíjalas al plato Sous Vide. Configure el cronómetro para las 13:00 horas. Cuando se detenga el cronómetro, retira las bolsas y transfiere los ingredientes a la olla. Lleva los ingredientes a ebullición a fuego alto. Hervir durante 15 minutos. Apagar el fuego y colar. Utilice el caldo como base de sopa.

Espolvorea con ajo y albahaca.

Tiempo de preparación + tiempo de cocción: 55 minutos | Comidas: 15

Ingredientes:

2 cabezas de ajo machacadas
2 cucharadas de aceite de oliva
Pizca de sal
1 cabeza de hinojo, picada
2 limones, pelados y exprimidos
¼ de azúcar
25 hojas de albahaca

instrucciones:

Hacer un baño de agua, colocar el Sous Vide dentro y programarlo a 185 F. Colocar el hinojo y el azúcar en una bolsa sellada al vacío. Liberar el aire exprimiendo el agua, cerrar y sumergir la bolsa en un baño maría. Configure el cronómetro en 40 minutos. Cuando el cronómetro se detenga, retira y abre la bolsa.

Ponga el hinojo, el azúcar y el resto de los ingredientes enumerados en una licuadora y mezcle hasta obtener un puré. Guárdelo en un frasco de especias y refrigérelo hasta por una semana.

Salsa balsámica con miel y cebolla

Tiempo de preparación + tiempo de cocción: 1 hora 55 minutos | Porciones: 1)

Ingredientes

3 cebollas dulces, picadas
1 cucharada de mantequilla
Sal y pimienta negra al gusto
2 cucharadas de vinagre balsámico
1 cucharada de miel
2 cucharaditas de hojas frescas de tomillo

Instrucción

Preparar un baño maría y colocar en él el sous vide. Establezca en 186F.

Calienta una sartén con mantequilla a fuego medio. Agrega la cebolla, sazona con sal y pimienta y cocina por 10 minutos. Agrega el vinagre balsámico y cocina por 1 minuto. Retirar del fuego y verter la miel.

Coloca la mezcla en una bolsa cerrada al vacío. Liberar el aire exprimiendo el agua, cerrar y sumergir la bolsa en un baño maría. Cocine por 90 minutos. Cuando el cronómetro se detenga, retira la bolsa y transfiérala a un plato. Adorne con tomillo fresco. Servido con pizza o sándwich.

Salsa de tomate

Tiempo de preparación + tiempo de cocción: 55 minutos | Comidas: 4

Ingredientes:

1 lata (16 onzas) de tomates triturados
1 cebolla blanca pequeña, picada
1 taza de albahaca fresca
1 cucharada de aceite de oliva
1 diente de ajo, machacado
Sal al gusto
1 hoja de laurel
1 chile rojo

instrucciones:

Haga un baño de agua, coloque el Sous Vide en él y póngalo a 185 F. Coloque todos los ingredientes enumerados en una bolsa sellada al vacío. Liberar el aire exprimiendo el agua, cerrar y sumergir la bolsa en un baño maría. Configure el cronómetro en 40 minutos. Cuando el cronómetro se detenga, retira y abre la bolsa. Deseche la hoja de laurel y transfiera los ingredientes restantes a una licuadora y mezcle hasta que quede suave. Lo servimos como guarnición de la comida principal.

Caldo de mariscos

Tiempo de preparación + tiempo de cocción: 10 horas 10 minutos | Comidas: 6

Ingredientes:

1 libra de cáscaras de camarones con cabeza y cola
3 vasos de agua
1 cucharada de aceite de oliva
2 cucharaditas de sal
2 ramitas de romero
½ cabeza de ajo machacada
½ taza de hojas de apio, picadas

instrucciones:

Haga un baño de agua, ponga el Sous Vide y póngalo a 180 F. Vierta aceite de oliva sobre los camarones. Coloca los camarones, junto con el resto de ingredientes enumerados, en una bolsa cerrada al vacío. Libera el aire, sella y sumerge la bolsa en un baño de agua y programa el cronómetro en 10 horas.

sopa de pescado

Tiempo de preparación + tiempo de cocción: 10 horas 15 minutos | Comidas: 4

Ingredientes:

5 vasos de agua
½ libra de filete de pescado con piel
1 libra de cabeza de pescado
5 cebollas verdes medianas
3 cebollas dulces
¼ de libra de alga negra (Kombu)

instrucciones:

Haga un baño de agua, coloque el Sous Vide en él y póngalo a 194 F. Divida uniformemente todos los ingredientes anteriores en 2 bolsas de vacío, doble la parte superior de la bolsa 2 veces. Colóquelos al baño maría y colóquelos en el recipiente Sous Vide. Configure el temporizador durante 10 horas.

Cuando se detenga el cronómetro, retira las bolsas y transfiere los ingredientes a la olla. Cocine los ingredientes a fuego alto durante 5 minutos. Apagar el fuego y colar. Conservar en el frigorífico y utilizar dentro de los 14 días.

Aderezo de espárragos

Tiempo de preparación + tiempo de cocción: 30 minutos | Comidas: 2

Ingredientes

1 manojo de espárragos grandes
Sal y pimienta negra al gusto
¼ taza de aceite de oliva
1 cucharadita de mostaza Dijon
1 cucharadita de eneldo
1 cucharadita de vinagre de vino tinto
1 huevo duro, picado
Perejil fresco, picado

Instrucción

Preparar un baño maría y colocar en él el sous vide. Establezca en 186F.

Corta la parte inferior de los espárragos y deséchalos.

Retire la parte inferior del tallo y colóquelo en una bolsa sellada al vacío. Liberar el aire exprimiendo el agua, cerrar y sumergir la bolsa en un baño maría. Hervir durante 15 minutos.

Cuando el cronómetro se detenga, retire la bolsa y transfiérala al baño de hielo. Separar los jugos para cocinar. Combine el aceite de oliva, el vinagre y la mostaza en un tazón de vinagreta; Mezclar bien. Sazona con sal y vierte en un vaso. Selle y agite hasta que esté bien combinado. Espolvorea con perejil, huevo y vinagreta.

Sopa de verduras

Tiempo de preparación + tiempo de cocción: 12 horas 35 minutos | Número de porciones: 10)

Ingredientes:

1 ½ tazas de apio cortado en cubitos

1 ½ tazas de puerros picados

½ taza de hinojo picado

4 dientes de ajo machacados

1 cucharada de aceite de oliva

6 vasos de agua

1 ½ tazas de champiñones

½ taza de perejil picado

1 cucharada de bolitas de pimienta negra

1 hoja de laurel

instrucciones:

Hacer un baño de agua, ponerle el sous vide y ponerlo a 180 F. Precalentar el horno a 450 F. Poner en un bol el puerro, el apio, el hinojo, el ajo y el aceite de oliva. tiralos afuera. Las ponemos en una fuente de horno y las metemos al horno. Hornee por 20 minutos.

Coloca en una bolsa de vacío las verduras al horno con su jugo, agua, perejil, bolitas de pimiento morrón, champiñones y hojas de laurel. Libera el aire, sella y sumerge la bolsa en un baño de agua y programa el cronómetro en 12 horas. Cubre el recipiente del baño maría con film transparente para limitar la evaporación y sigue agregando agua al baño para mantener las verduras cubiertas.

Cuando el cronómetro se detenga, retira y abre la bolsa. Colar los ingredientes. Guárdelo en el refrigerador y úselo congelado por hasta 1 mes.

Cuando el cronómetro se detenga, retira y abre la bolsa. Colar los ingredientes. Guárdelo en el refrigerador y úselo congelado por hasta 2 semanas.

Queso edamame tabasco con ajo

Tiempo de preparación + tiempo de cocción: 1 hora 6 minutos | Comidas: 4

Ingredientes

1 cucharada de aceite de oliva
4 tazas de vainas de edamame frescas
1 cucharadita de sal
1 diente de ajo, picado
1 cucharada de hojuelas de pimiento rojo
1 cucharada de salsa tabasco

Instrucción

Preparar un baño maría y colocar en él el sous vide. Establezca en 186F.

Calienta una olla con agua a temperatura alta y blanquea los edamame durante 60 segundos. Colar y transferir a un baño de agua helada. Mezcle el ajo, las hojuelas de pimiento rojo, la salsa Tabasco y el aceite de oliva.

Coloca el edamame en una bolsa sellada al vacío. Cubra con salsa Tabasco. Liberar el aire exprimiendo el agua, cerrar y sumergir la bolsa en un baño maría. Cocine por 1 hora. Cuando se detenga el cronómetro, retire la bolsa, transfiérala a un bol y sirva.

Puré de hierbas de guisantes

Tiempo de preparación + tiempo de cocción: 55 minutos | Comidas: 6

Ingredientes

½ taza de caldo de verduras
1 libra de guisantes frescos
Ralladura de 1 limón
2 cucharadas de albahaca fresca picada
1 cucharada de aceite de oliva
Sal y pimienta negra al gusto
2 cucharadas de cebollino fresco picado
2 cucharadas de perejil fresco picado
¾ cucharadita de ajo en polvo

Instrucción

Preparar un baño maría y colocar en él el sous vide. Establezca en 186F.

Combine los guisantes, la ralladura de limón, la albahaca, el aceite de oliva, la pimienta negra, el cebollino, el perejil, la sal y el ajo en polvo y colóquelos en una bolsa con cierre. Liberar el aire exprimiendo el agua, cerrar y sumergir la bolsa en un baño maría.

Cocine por 45 minutos. Cuando el cronómetro se detenga, retira la bolsa, transfiérala a la licuadora y mezcla bien.

Puré de salvia frito

Tiempo de preparación + tiempo de cocción: 1 hora 35 minutos | Comidas: 6

Ingredientes

¼ taza de mantequilla

12 batatas, sin pelar

10 dientes de ajo, picados

4 cucharaditas de sal

6 cucharadas de aceite de oliva

5 ramitas de salvia fresca

1 cucharadita de pimentón

Instrucción

Preparar un baño maría y colocar en él el sous vide. Establezca en 192F.

Combine las patatas, el ajo, la sal, el aceite de oliva y 2 o 3 ramitas de tomillo y colóquelos en una bolsa sellada al vacío. Liberar el aire exprimiendo el agua, cerrar y sumergir la bolsa en un baño maría. Cocine por 1 hora y 15 minutos.

Precalienta el horno a 450 F. Cuando se detenga el cronómetro, retira las papas y transfiérelas a un tazón. Separar los jugos para cocinar.

Mezclar bien las patatas con la mantequilla y el resto de la salvia. Transfiera a una hoja forrada con papel de aluminio. Hacer un hueco en el centro de las patatas y verter en él el jugo de cocción. Hornea las patatas durante 10 minutos y luego dales la vuelta después de 5 minutos. Rechaza al sabio. Transfiera a un plato y sirva espolvoreado con pimentón.

Espárragos en mantequilla con tomillo y queso

Tiempo de preparación + tiempo de cocción: 21 minutos | Comidas: 6

Ingredientes

¼ de taza de queso pecorino romano rallado

16 onzas de espárragos frescos, rebanados

4 cucharadas de mantequilla, cortada en cubos

Sal al gusto

1 diente de ajo, picado

1 cucharada de tomillo

Instrucción

Preparar un baño maría y colocar en él el sous vide. Establezca en 186F.

Coloca los espárragos en una bolsa sellada al vacío. Agrega los cubos de mantequilla, el ajo, la sal y el tomillo. Liberar el aire exprimiendo el agua, cerrar y sumergir la bolsa en un baño maría. Cocine por 14 minutos.

Cuando el cronómetro se detenga, retira la bolsa y transfiere los espárragos a un plato. Rocíe con el jugo de cocción. Adorne con queso pecorino romano.

Deliciosa chirivía con glaseado de miel

Tiempo de preparación + tiempo de cocción: 1 hora 8 minutos | Comidas: 4

Ingredientes

1 libra de chirivías, peladas y picadas
3 cucharadas de mantequilla
2 cucharadas de miel
1 cucharadita de aceite de oliva
Sal y pimienta negra al gusto
1 cucharada de perejil fresco picado

Instrucción

Preparar un baño maría y colocar en él el sous vide. Establezca en 186F.

Coloque las chirivías, la mantequilla, la miel, el aceite de oliva, la sal y la pimienta en una bolsa con cierre al vacío. Liberar el aire exprimiendo el agua, cerrar y sumergir la bolsa en un baño maría. Cocine por 1 hora.

Calienta una sartén a fuego medio. Cuando se detenga el cronómetro, retire la bolsa y transfiera el contenido a la sartén y cocine por 2 minutos hasta que el líquido se vuelva vidrioso. Agrega el perejil y mezcla rápidamente. servir.

Sándwich con crema de tomate y queso

Tiempo de preparación + tiempo de cocción: 55 minutos | Comida: 8)

Ingredientes

½ taza de queso crema
2 kilogramos de tomates cortados en aros
Sal y pimienta negra al gusto
2 cucharadas de aceite de oliva
2 dientes de ajo, picados
½ cucharadita de salvia fresca picada
⅛ cucharadita de pimiento rojo
½ cucharadita de vinagre de vino blanco
2 cucharadas de mantequilla
4 rebanadas de pan
2 rebanadas de queso halloumi

Instrucción

Preparar un baño maría y colocar en él el sous vide. Ponga a 186 F. Coloque los tomates en un colador sobre un tazón y sazone con sal. Mezclar bien. Dejar enfriar durante 30 minutos. Cuela los jugos. Mezcle el aceite de oliva, el ajo, la salvia, la pimienta negra, la sal y las hojuelas de pimienta.

Colocar en una bolsa sellada al vacío. Liberar el aire exprimiendo el agua, cerrar y sumergir la bolsa en un baño maría. Cocine por 40 minutos.

Cuando el cronómetro se detenga, retira la bolsa y transfiérala a la licuadora. Agrega vinagre y crema agria. Mezclar hasta que quede suave. Transfiera a un plato y sazone con sal y pimienta según sea necesario.

Preparación de palitos de queso: Calienta la sartén a temperatura media. Unta las rebanadas de pan con mantequilla y colócalas en la sartén. Coloca las rebanadas de queso sobre el pan y coloca sobre el segundo pan untado con mantequilla. Freír durante 1-2 minutos. Repita con el pan restante. Cortar en cubos. Sirva sobre sopa tibia.

Ensalada de remolacha y arce con anacardos y Queso Fresco

Tiempo de preparación + tiempo de cocción: 1 hora 35 minutos | Comida: 8)

Ingredientes

6 remolachas grandes, peladas y cortadas en trozos
Sal y pimienta negra al gusto
3 cucharadas de jarabe de arce
2 cucharadas de mantequilla
Ralladura de 1 naranja grande
1 cucharada de aceite de oliva
½ cucharadita de pimienta de cayena
1½ tazas de anacardos
6 tazas de rúcula
3 mandarinas, peladas y cortadas en trozos
1 taza de queso fresco, desmenuzado

Instrucción

Preparar un baño maría y colocar en él el sous vide. Establezca en 186F.

Coloca los trozos de remolacha en una bolsa cerrada al vacío. Condimentar con sal y pimienta. Agrega 2 cucharadas de jarabe de arce, mantequilla y ralladura de naranja. Liberar el aire exprimiendo el agua, cerrar y sumergir la bolsa en un baño maría. Cocine por 1 hora y 15 minutos.

Precalienta el horno a 350F.

Agregue el resto del jarabe de arce, el aceite de oliva, la sal y la pimienta de cayena. Agrega los anacardos y mezcla bien. Ponemos la mezcla de anacardos en una fuente ignífuga que previamente espolvoreamos con pimentón encerado y horneamos durante 10 minutos. Reservar y dejar enfriar.

Cuando se detenga el cronómetro, retira las remolachas y escurre el jugo de cocción. Coloque la rúcula en un plato para servir y decore con rodajas de remolacha y mandarina. Para servir, cubra con la mezcla de queso fresco y anacardos.

Pimiento dulce con coliflor

Tiempo de preparación + cocción: 52 minutos | Comidas: 5

Ingredientes

½ taza de queso provolone rallado
1 cabeza de coliflor, flores cortadas
2 dientes de ajo, picados
Sal y pimienta negra al gusto
2 cucharadas de mantequilla
1 cucharada de aceite de oliva
½ pimiento rojo grande, cortado en tiras
½ pimiento amarillo grande, cortado en tiras
½ pimiento naranja grande cortado en tiras

Instrucción

Preparar un baño maría y colocar en él el sous vide. Establezca en 186F.

Mezclar bien los floretes de coliflor, 1 diente de ajo, sal, pimienta, la mitad de la mantequilla y la mitad del aceite de oliva.

En otro tazón, combine el pimentón, el ajo restante, la sal, la pimienta, el resto de la mantequilla y el aceite de oliva restante.

Coloca la coliflor en una bolsa cerrada al vacío. Coloca los pimientos en otra bolsa cerrada al vacío. Liberar el aire exprimiendo el agua, sellar y sumergir las bolsas en un baño de agua. Cocine por 40 minutos.

Cuando se detenga el cronómetro, retire las bolsas y transfiera el contenido a un recipiente. Escurre los jugos de la cocción. Mezclar las verduras y espolvorear con queso provolone.

Crema de calabaza de otoño

Tiempo de preparación + tiempo de cocción: 2 horas 20 minutos | Comidas: 6

Ingredientes

¾ taza de crema espesa

1 calabaza de invierno, picada

1 pera grande

½ cebolla amarilla, picada

3 ramitas de tomillo fresco

1 diente de ajo, picado

1 cucharadita de comino molido

Sal y pimienta negra al gusto

4 cucharadas de crema fresca

Instrucción

Preparar un baño maría y colocar en él el sous vide. Establezca en 186F.

Mezcla la calabaza, la pera, la cebolla, el tomillo, el ajo, el comino y la sal. Colocar en una bolsa sellada al vacío. Liberar el aire exprimiendo el agua, sellar y sumergir en un baño de agua. Cocine por 2 horas.

Cuando el cronómetro se detenga, retira la bolsa y transfiere todo el contenido a la licuadora. Haga puré hasta que quede suave. Añade crema agria y mezcla bien. Condimentar con sal y pimienta. Vierte la mezcla en tazones y espolvorea con un poco de crema fresca. Decorar con trozos de peras.

Sopa de patata, apio y puerro

Tiempo de preparación + cocción: 2 horas 15 minutos | Comida: 8)

Ingredientes

8 cucharadas de mantequilla

4 papas rojas, cortadas en rodajas

1 cebolla amarilla, cortada en trozos de ¼ de pulgada

1 tallo de apio, cortado en trozos de ½ pulgada

4 tazas de puerros picados de ½ pulgada, solo las partes blancas

1 taza de caldo de verduras

1 zanahoria, picada

4 dientes de ajo, picados

2 hojas de laurel

Sal y pimienta negra al gusto

2 tazas de crema espesa

¼ de taza de cebollino fresco picado

Instrucción

Preparar un baño maría y colocar en él el sous vide. Establezca en 186F.

Coloca en una bolsa cerrada al vacío las patatas, las zanahorias, las cebollas, el apio, los puerros, el caldo de verduras, la mantequilla, los ajos y las hojas de laurel. Liberar el aire exprimiendo el agua, cerrar y sumergir la bolsa en un baño maría. Cocine por 2 horas.

Cuando el cronómetro se detenga, retira la bolsa y transfiérala a la licuadora. Deseche las hojas de laurel. Mezclar el contenido y sazonar con sal y pimienta. Agrega lentamente la crema y mezcla durante 2-3 minutos hasta que quede suave. Cuela el contenido y decora con cebollino antes de servir.

Ensalada verde con limón y arándanos

Tiempo de preparación + tiempo de cocción: 15 minutos | Comidas: 6

Ingredientes

6 tazas de repollo verde fresco con tallos
6 cucharadas de aceite de oliva
2 dientes de ajo machacados
4 cucharadas de jugo de limón
½ cucharadita de sal
¾ taza de arándanos secos

Instrucción

Preparar un baño maría y colocar en él el sous vide. Ajuste a 196 F. Mezcle las verduras con 2 cucharadas de aceite de oliva. Colóquelo en una bolsa sellada al vacío. Liberar el aire exprimiendo el agua, cerrar y sumergir la bolsa en un baño maría. Cocine por 8 minutos.

Agrega el aceite de oliva restante, el ajo, el jugo de limón y la sal. Cuando se detenga el cronómetro, retire las verduras y transfiéralas a un plato para servir. Rocíe con el aderezo. Adorne con arándanos.

Maíz cítrico con salsa de tomate

Tiempo de preparación + tiempo de cocción: 55 minutos | Comida: 8)

Ingredientes

⅓ taza de aceite de oliva

4 mazorcas de maíz amarillo, peladas

Sal y pimienta negra al gusto

1 tomate grande, cortado en rodajas

3 cucharadas de jugo de limón

2 dientes de ajo, picados

1 chile serrano sin semillas

4 cebollas, solo las partes verdes, en rodajas

½ manojo de hojas de cilantro fresco, picadas

Instrucción

Preparar un baño maría y colocar en él el sous vide. Ajuste a 186 F. Rocíe aceite de oliva sobre el maíz y sazone con sal y pimienta. Colócalos en una bolsa sellada al vacío. Liberar el aire exprimiendo el agua, cerrar y sumergir la bolsa en un baño maría. Cocine por 45 minutos.

Mientras tanto, mezcle bien los tomates, el jugo de limón, el ajo, el chile serrano, la cebolleta, el cilantro y el aceite de oliva restante. Precalienta la parrilla a fuego alto.

Cuando se detenga el cronómetro, retire el maíz y transfiéralo a la parrilla y ase durante 2-3 minutos. Déjalo enfriar. Corta los granos de la mazorca y vierte la salsa de tomate por encima. Servido con pescado, ensalada o totopos.

Coles de Bruselas Tamari jengibre con sésamo

Tiempo de preparación + cocción: 43 minutos | Comidas: 6

Ingredientes

1½ libras de coles de Bruselas, cortadas a la mitad
2 dientes de ajo, picados
2 cucharadas de aceite vegetal
1 cucharada de salsa tamari
1 cucharadita de jengibre rallado
¼ de cucharadita de pimiento rojo
¼ de cucharadita de aceite de sésamo tostado
1 cucharada de semillas de sésamo

Instrucción

Preparar un baño maría y colocar en él el sous vide. Ajuste a 186 F. Caliente la olla a fuego medio y combine el ajo, el aceite vegetal, la salsa tamari, el jengibre y el pimiento rojo. Cocine durante 4-5 minutos. Dejar de lado.

Coloca las coles de Bruselas en una bolsa sellada al vacío y cubre con la mezcla de tamari. Liberar el aire exprimiendo el agua, cerrar y sumergir la bolsa en un baño maría. Cocine por 30 minutos.

Cuando el cronómetro se detenga, retira la bolsa y sécala con un paño de cocina. Guarde los jugos para cocinar. Coloca los brotes en un bol y mézclalos con aceite de sésamo. Cortar los brotes en platos y rociar con el jugo de cocción. Adorne con semillas de sésamo.

Ensalada de remolacha y espinacas

Tiempo de preparación + tiempo de cocción: 2 horas 25 minutos | Comidas: 3

Ingredientes:

1 ¼ taza de remolacha, pelada y cortada en trozos pequeños
1 taza de espinacas frescas picadas
2 cucharadas de aceite de oliva
1 cucharada de jugo de limón recién exprimido
1 cucharadita de vinagre balsámico
2 dientes de ajo machacados
1 cucharada de mantequilla
Sal y pimienta negra al gusto

instrucciones:

Lavar y limpiar bien la remolacha. Cortar en trozos pequeños y colocar en una bolsa sellada al vacío junto con la mantequilla y el ajo machacado. Cocine en Sous Vide durante 2 horas a 185 F. Deje enfriar.

Hervir agua en una olla grande y agregar las espinacas. Cocine por un minuto, luego retire del fuego. Escurrir bien. Transfiera a una bolsa sellada al vacío y cocine en Sous Vide durante 10 minutos a 180 F. Retírelo del baño de agua y enfríe por completo. Colóquelo en un tazón grande y agregue las remolachas cocidas. Sazone con sal, pimienta, vinagre, aceite de oliva y jugo de limón. Servir inmediatamente.

Ajetes verdes con menta

Tiempo de preparación + tiempo de cocción: 30 minutos | Comidas: 2

Ingredientes:

½ taza de achicoria recién cortada

½ taza de espárragos trigueros, finamente picados

½ taza de acelgas rallada

¼ de taza de menta fresca, picada

¼ de taza de rúcula desmenuzada

2 dientes de ajo, picados

½ cucharadita de sal

4 cucharadas de jugo de limón, recién exprimido

2 cucharadas de aceite de oliva

instrucciones:

Llena una olla grande con agua con sal y agrega las verduras. Hervir durante 3 minutos. Retirar y escurrir. Escúrralo suavemente con las manos y pique el repollo con un cuchillo afilado. Transfiera a una bolsa grande sellada al vacío y cocine en Sous Vide durante 10 minutos a 162 F. Retírelo del baño de agua y reserve.

Calienta el aceite de oliva en una sartén grande a fuego medio. Agrega el ajo y cocina, revolviendo, durante 1 minuto. Agrega el repollo y sazona con sal. Rocíe con jugo de limón fresco y sirva.

Coles de Bruselas al vino blanco

Tiempo de preparación + tiempo de cocción: 35 minutos | Comidas: 4

Ingredientes:

1 libra de coles de Bruselas, ralladas
½ taza de aceite de oliva virgen extra
½ taza de vino blanco
Sal y pimienta negra al gusto
2 cucharadas de perejil fresco, finamente picado
2 dientes de ajo machacados

instrucciones:

Coloca las coles de Bruselas en una bolsa grande sellada al vacío con tres cucharadas de aceite de oliva. Cocine en Sous Vide durante 15 minutos a 180 F. Retírelo de la bolsa.

Calienta el aceite de oliva restante en una sartén antiadherente grande. Agrega las coles de Bruselas, el ajo prensado, la sal y la pimienta. Asa brevemente y agita la sartén unas cuantas veces para que se dore ligeramente por todos lados. Vierta el vino y deje hervir. Mezclar bien y retirar del fuego. Espolvorea con perejil finamente picado y sirve.

Ensalada de remolacha y queso de cabra

Tiempo de preparación + tiempo de cocción: 2 horas 20 minutos | Comidas: 3

Ingredientes:

1 libra de remolacha, cortada en medias lunas
½ taza de almendras, blanqueadas
2 cucharadas de avellanas sin cáscara
2 cucharadas de aceite de oliva
1 diente de ajo, finamente picado
1 cucharadita de comino en polvo
1 cucharadita de cáscara de limón
Sal al gusto
½ taza de queso de cabra, desmoronado
Hojas de menta fresca para decorar.

Vendaje:
2 cucharadas de aceite de oliva
1 cucharada de vinagre de manzana

instrucciones:

Haga un baño de agua, coloque el Sous Vide y póngalo a 183F.

Coloca las remolachas en una bolsa sellada al vacío. Libera el aire exprimiendo el agua, cierra y sumerge la bolsa en un baño de agua y programa el cronómetro en 2 horas. Cuando el cronómetro se detenga, retira y abre la bolsa. Deja el nabo a un lado.

Coloca la sartén a fuego medio, agrega las almendras y las avellanas y tuesta por 3 minutos. Transfiera a una tabla de cortar y corte. En la misma sartén añade el aceite, el ajo y el comino. Hervir durante 30 segundos. Apagar la calefacción. Agrega el queso de cabra, la mezcla de almendras, la ralladura de limón y la mezcla de ajo al bol. Mezclar. Mezclar el aceite de oliva y el vinagre y reservar. Lo servimos como guarnición de la comida principal.

Sopa de coliflor y brócoli

Tiempo de preparación + tiempo de cocción: 70 minutos | Comidas: 2

Ingredientes:

1 coliflor mediana, cortada en floretes pequeños
½ libra de brócoli, cortado en floretes pequeños
1 pimiento verde, picado
1 cebolla, picada
1 cucharadita de aceite de oliva
1 diente de ajo, machacado
½ taza de caldo de verduras
½ taza de leche descremada

instrucciones:

Haga un baño de agua, coloque el Sous Vide y póngalo a 185F.

Coloca la coliflor, el brócoli, el pimiento morrón y la cebolla blanca en una bolsa cerrada al vacío y cubre con aceite de oliva. Libera el aire exprimiendo el agua y cierra la bolsa. Sumerja la bolsa en un baño de agua. Configure el cronómetro en 50 minutos y cocine.

Cuando el cronómetro se detenga, retira la bolsa y ábrela. Coloque las verduras en una licuadora, agregue el ajo y la leche y mezcle hasta obtener un puré suave.

Pon la sartén a fuego medio, agrega el puré de verduras y la base de verduras y cocina por 3 minutos. Condimentar con sal y pimienta. Lo servimos calentito como guarnición de la comida principal.

Guisantes con mantequilla y menta

Tiempo de preparación + tiempo de cocción: 25 minutos | Comidas: 2

Ingredientes:

1 cucharada de mantequilla
½ taza de guisantes
1 cucharada de hojas de menta picadas
Pizca de sal
Azúcar al gusto

instrucciones:

Haga un baño de agua, ponga el Sous Vide y póngalo a 183 F. Coloque todos los ingredientes en una bolsa sellable al vacío. Libera el aire exprimiendo el agua, cierra y sumérgete en la tina. Hervir durante 15 minutos.

Cuando el cronómetro se detenga, retira y abre la bolsa. Coloque los ingredientes en un plato para servir. Servir como condimento.

Coles de Bruselas en almíbar dulce

Tiempo de preparación + tiempo de cocción: 75 minutos | Comidas: 3

Ingredientes:

4 libras de coles de Bruselas, cortadas a la mitad

3 cucharadas de aceite de oliva

¾ taza de salsa de pescado

3 cucharadas de agua

2 cucharadas de azúcar

1 ½ cucharadas de vinagre de arroz

2 cucharaditas de jugo de limón

3 chiles rojos cortados en rodajas finas

2 dientes de ajo, picados

instrucciones:

Haga un baño de agua, coloque el Sous Vide dentro y póngalo a 183 F. Vierta las coles de Bruselas, la sal y el aceite en una bolsa sellada al vacío, retire el aire exprimiendo el agua, selle y sumerja la bolsa en el baño de agua. . Configure el cronómetro en 50 minutos.

Cuando se detenga el cronómetro, retira la bolsa, ábrela y transfiere las coles de Bruselas a una bandeja para hornear forrada con papel de horno. Calienta el asador a fuego alto, coloca una bandeja para hornear y cocina por 6 minutos. Transfiera las coles de Bruselas a un bol.

Prepara la salsa: agrega los demás ingredientes que figuran en el bol y mezcla. Agrega la salsa a las coles de Bruselas y mezcla uniformemente. Lo servimos como guarnición de la comida principal.

Rábanos con queso de hierbas

Tiempo de preparación + tiempo de cocción: 1 hora 15 minutos | Comidas: 3

Ingredientes:

10 onzas de queso de cabra

4 onzas de queso crema

¼ taza de pimiento rojo molido

3 cucharadas de pesto

3 cucharaditas de jugo de limón

2 cucharadas de perejil

2 dientes de ajo

9 rábanos grandes, cortados en rodajas.

instrucciones:

Haga un baño de agua, coloque el Sous Vide en él y póngalo a 181 F. Coloque las rodajas de rábano en una bolsa sellada al vacío, libere el aire y selle. Sumerja la bolsa en el baño de agua y programe el cronómetro durante 1 hora.

Mezclar el resto de los ingredientes en un bol y verter en la bolsa. Dejar de lado. Cuando el cronómetro se detenga, retira la bolsa y ábrela. Coloque las rodajas de rábano en un plato para servir y cubra cada rebanada con la mezcla de queso. Servir como refrigerio.

Repollo balsámico al vapor

Tiempo de preparación + tiempo de cocción: 1 hora 45 minutos | Comidas: 3

Ingredientes:

1 libra de repollo rojo, en cuartos y sin corazón
1 chalota en rodajas finas
2 dientes de ajo, en rodajas finas
½ cucharada de vinagre balsámico
½ cucharada de mantequilla sin sal
Sal al gusto

instrucciones:

Haga un baño de agua, ponga el Sous Vide y póngalo a 185 F. Divida el repollo y los demás ingredientes en 2 bolsas selladas al vacío. Libere el aire exprimiendo el agua y selle las bolsas. Sumérgelos al baño maría y programa el cronómetro en 1 hora y 30 minutos.

Cuando el reloj se detenga, saca y abre los bolsillos. Coloque el repollo con jugo en platos para servir. Sazone con sal y vinagre. Lo servimos como guarnición de la comida principal.

tomates fritos

Tiempo de preparación + tiempo de cocción: 45 minutos | Comidas: 3

Ingredientes:

4 tazas de tomates cherry
5 cucharadas de aceite de oliva
½ cucharada de hojas frescas de romero, picadas
½ cucharada de hojas frescas de tomillo, picadas
Sal y pimienta negra al gusto

instrucciones:

Haga un baño de agua, colóquelo en Sous Vide y ajuste a 131 F. Divida los ingredientes enumerados en 2 bolsas selladas al vacío, sazone con sal y pimienta. Libere el aire exprimiendo el agua y selle las bolsas. Sumérgelos en un baño de agua y programa el cronómetro en 30 minutos.

Cuando el reloj se detenga, saca las bolsas y ábrelas. Transfiera los tomates y su jugo a un bol. Lo servimos como guarnición de la comida principal.

Ratatouille

Tiempo de preparación + tiempo de cocción: 2 horas 10 minutos | Comidas: 3

Ingredientes:

2 calabacines, cortados en rodajas

2 tomates, picados

2 pimientos rojos, sin semillas y cortados en cubos de 2 pulgadas

1 berenjena pequeña, cortada en rodajas

1 cebolla, cortada en cubos de 1 pulgada

Sal al gusto

½ hojuelas de pimiento rojo

8 dientes de ajo machacados

2 ½ cucharadas de aceite de oliva

5 ramitas + 2 ramitas de hojas de albahaca

instrucciones:

Haga un baño de agua, ponga el Sous Vide y póngalo a 185 F. Coloque los tomates, el calabacín, la cebolla, el pimiento y la berenjena en 5 bolsas separadas selladas al vacío. Coloca en cada bolsa el ajo, las hojas de albahaca y 1 cucharada de aceite de oliva. Libera el aire exprimiendo el agua, sella y sumerge las bolsas en un baño de agua y programa el cronómetro en 20 minutos.

Cuando el cronómetro se detenga, retira la bolsa de tomates. Dejar de lado. Configure el cronómetro en 30 minutos. Cuando el cronómetro se detenga, retira las bolsitas del calabacín y el pimiento rojo. Dejar de lado. Configure el temporizador durante 1 hora.

Cuando el cronómetro se detenga, retira las bolsas restantes y desecha el ajo y las hojas de albahaca. Agrega los tomates al bol y tritúralos suavemente con una cuchara. Pica las verduras restantes y agrégalas a los tomates. Sazone con sal, hojuelas de pimiento rojo, el resto del aceite de oliva y albahaca. Lo servimos como guarnición de la comida principal.

sopa de tomate

Tiempo de preparación + tiempo de cocción: 60 minutos | Comidas: 3

Ingredientes:

2 libras de tomates, cortados a la mitad
1 cebolla, picada
1 tallo de apio, picado
3 cucharadas de aceite de oliva
1 cucharada de puré de tomate
una pizca de azucar
1 hoja de laurel

instrucciones:

Haga un baño de agua, ponga el Sous Vide y póngalo a 185 F. Ponga todos los ingredientes enumerados excepto la sal en un bol y mezcle. Colócalos en una bolsa sellada al vacío. Liberar el aire exprimiendo el agua, cerrar y sumergir la bolsa en un baño maría. Configure el cronómetro en 40 minutos.

Cuando el cronómetro se detenga, retira la bolsa y ábrela. Mezclar los ingredientes con una batidora. Vierte los tomates licuados en una cacerola y colócalos a fuego medio. Sazone con sal y cocine por 10 minutos. Vierta la sopa en tazones y déjela enfriar. Sirva caliente con pan bajo en carbohidratos.

remolacha guisada

Tiempo de preparación + tiempo de cocción: 1 hora 15 minutos | Comidas: 3

Ingredientes:

2 remolachas, peladas y cortadas en trozos de 1 cm
⅓ taza de vinagre balsámico
½ cucharadita de aceite de oliva
⅓ taza de nueces tostadas
⅓ taza de queso Grana Padano rallado
Sal y pimienta negra al gusto

instrucciones:

Haga un baño de agua, coloque el Sous Vide en él y póngalo a 183 F. Coloque las remolachas, el vinagre y la sal en una bolsa sellada al vacío. Liberar el aire exprimiendo el agua, cerrar y sumergir la bolsa en un baño maría. Configure el temporizador durante 1 hora.

Cuando el cronómetro se detenga, retira y abre la bolsa. Poner las remolachas en un bol, añadir el aceite de oliva y mezclar. Espolvorea con nueces y queso. Lo servimos como guarnición de la comida principal.

lasaña de berenjena

Tiempo de preparación + tiempo de cocción: 3 horas | Comidas: 3

Ingredientes:

1 libra de berenjena, pelada y cortada en rodajas finas
1 cucharadita de sal
1 taza de salsa de tomate, dividida en 3
2 onzas de mozzarella fresca, en rodajas finas
1 onza de parmesano rallado
2 onzas de queso mezclado italiano, rallado
3 cucharadas de albahaca fresca, picada

<u>Vendaje:</u>
½ cucharada de nueces de macadamia, tostadas y picadas
1 onza de parmesano rallado
1 onza de queso mezclado italiano, rallado

instrucciones:

Hacer un baño de agua, ponerle el Sous Vide y ponerlo a 183 F. Salar la berenjena. Deje la bolsa con cierre a un lado, coloque la mitad de la berenjena en capas, unte una porción de salsa de tomate, cubra con mozzarella, luego parmesano, luego la mezcla de queso y finalmente albahaca. Vierta otra porción de salsa de tomate.

Cierra la bolsa con cuidado exprimiendo el agua y manteniéndola lo más plana posible. Sumerja la bolsa en plano en el baño de agua. Configure el temporizador durante 2 horas y cocine. Sopla 2-3 veces durante los primeros 30 minutos, ya que las berenjenas sueltan gases durante la cocción.

Cuando el cronómetro se detenga, retire con cuidado la bolsa y use un martillo para presionar una esquina de la bolsa para liberar el líquido de la bolsa. Coloque la bolsa sobre un plato para servir, corte la parte superior y presione suavemente la lasaña sobre el plato. Vierta el resto de la salsa de tomate, las nueces de macadamia, la mezcla de queso y el parmesano. Derretir el queso y sofreírlo al fuego.

sopa de champiñones

Tiempo de preparación + tiempo de cocción: 50 minutos | Comidas: 3

Ingredientes:

1 libra de champiñones mixtos
2 cebollas, picadas
3 dientes de ajo
2 ramitas de perejil picado
2 cucharadas de tomillo en polvo
2 cucharadas de aceite de oliva
2 tazas de crema
2 tazas de caldo de verduras

instrucciones:

Haga un baño de agua, coloque el Sous Vide dentro y póngalo a 185 F. Coloque los champiñones, la cebolla y el apio en una bolsa sellada al vacío. Liberar el aire exprimiendo el agua, cerrar y sumergir la bolsa en un baño maría. Configure el cronómetro en 30 minutos. Cuando el cronómetro se detenga, retira y abre la bolsa.

Licúa los ingredientes de la bolsa en una licuadora. Pon la sartén a fuego medio, agrega aceite de oliva. Cuando empiece a calentarse añadimos las setas exprimidas y el resto de ingredientes excepto la nata. Hervir durante 10 minutos. Apagar el fuego y añadir la nata. Mezclar bien y servir.

Risotto vegetariano con parmesano

Tiempo de preparación + tiempo de cocción: 65 minutos | Comidas: 5

Ingredientes:

2 tazas de arroz arborio
½ taza de arroz blanco normal
1 taza de caldo de verduras
1 vaso de agua
6-8 onzas de queso parmesano rallado
1 cebolla, picada
1 cucharada de mantequilla
Sal y pimienta negra al gusto

instrucciones:

Preparar un baño maría y colocar en él el sous vide. Ajuste a 185 F. Derrita la mantequilla en una sartén a fuego medio. Agrega la cebolla, el arroz y las especias y sofríe unos minutos. Transfiera a una bolsa sellada al vacío. Liberar el aire exprimiendo el agua, cerrar y sumergir la bolsa en un baño maría. Configure el cronómetro en 50 minutos. Cuando se detenga el cronómetro, retire la bolsa y agregue el parmesano.

sopa verde

Tiempo de preparación + tiempo de cocción: 55 minutos | Comidas: 3

Ingredientes:

4 tazas de caldo de verduras

1 cucharada de aceite de oliva

1 diente de ajo, machacado

1 pulgada de jengibre, en rodajas

1 cucharadita de cilantro en polvo

1 calabacín grande, cortado en cubitos

3 tazas de repollo

2 tazas de brócoli, cortado en floretes

1 lima, exprimida y pelada

instrucciones:

Haga un baño de agua, coloque el Sous Vide dentro y póngalo a 185 F. Coloque el brócoli, el calabacín, el repollo y el perejil en una bolsa sellada al vacío. Liberar el aire exprimiendo el agua, cerrar y sumergir la bolsa en un baño maría. Configure el cronómetro en 30 minutos.

Cuando el cronómetro se detenga, retira y abre la bolsa. Agrega los ingredientes cocidos a la licuadora junto con el ajo y el jengibre. Haga puré hasta que quede suave. Vierte el puré verde en la olla y agrega el resto de los ingredientes enumerados. Pon la olla a fuego medio y cocina por 10 minutos. Lo servimos como guarnición de la comida principal.

Sopa de verduras mixtas

Tiempo de preparación + tiempo de cocción: 55 minutos | Comidas: 3

Ingredientes:

1 cebolla dulce, rebanada

1 cucharadita de ajo en polvo

2 tazas de calabacín, cortado en cubitos

3 onzas de corteza de parmesano

2 tazas de espinacas tiernas

2 cucharadas de aceite de oliva

1 cucharadita de pimiento rojo

2 tazas de caldo de verduras

1 ramita de romero

Sal al gusto

instrucciones:

Hacer un baño maría, colocar dentro el Sous Vide y ponerlo a 185 F. Mezclar todos los ingredientes menos el ajo y la sal con el aceite de oliva y meterlos en una bolsa hermética al vacío. Liberar el aire exprimiendo el agua, cerrar y sumergir la bolsa en un baño maría. Configure el cronómetro en 30 minutos.

Cuando el cronómetro se detenga, retira y abre la bolsa. Deseche el romero. Vierte los ingredientes restantes en la olla y agrega la sal y el ajo en polvo. Pon la olla a fuego medio y cocina por 10 minutos. Lo servimos como guarnición de la comida principal.

Wontons vegetarianos con pimentón ahumado

Tiempo de preparación + tiempo de cocción: 5 horas 15 minutos | Comida: 9)

Ingredientes:

Envolturas de wonton de 10 oz
10 onzas de vegetales de tu elección, picados
2 huevos
1 cucharadita de aceite de oliva
½ cucharadita de chile en polvo
½ cucharadita de pimentón ahumado
½ cucharadita de ajo en polvo
Sal y pimienta negra al gusto

instrucciones:

Preparar un baño maría y colocar en él el sous vide. Establezca en 165F.

Batir los huevos junto con las especias. Mezclar verduras y aceite. Vierte la mezcla en una bolsa cerrada al vacío. Liberar el aire exprimiendo el agua, cerrar y sumergir la bolsa en un baño maría. Configure el temporizador en 5 horas.

Cuando se detenga el cronómetro, retira la bolsa y transfiérala al bol. Dividir la mezcla entre los ravioles, enrollar y sellar los bordes para sellar. Cocine en agua hirviendo durante 4 minutos a fuego medio.

Miso de quinua y apio

Tiempo de preparación + tiempo de cocción: 2 horas 25 minutos | Comidas: 6

Ingredientes

1 apio, picado
1 cucharada de pasta de miso
6 dientes de ajo
5 ramitas de tomillo
1 cucharadita de cebolla en polvo
3 cucharadas de queso ricota
1 cucharada de semillas de mostaza
Jugo de ¼ de limón grande
5 tomates cherry picados en trozos grandes
Perejil picado
8 onzas de mantequilla vegana
8 onzas de quinua cocida

Instrucción

Preparar un baño maría y colocar en él el sous vide. Establezca en 186F.

Mientras tanto, calienta una sartén a fuego medio y agrega el ajo, el tomillo y las semillas de mostaza. Cocine durante unos 2 minutos. Agregue la mantequilla y revuelva hasta que se dore. Mezclar con cebolla en polvo y reservar. Dejar enfriar a temperatura ambiente. Coloca las verduras en una bolsa cerrada al vacío. Liberar el aire exprimiendo el agua, cerrar y sumergir la bolsa en un baño maría. Cocine por 2 horas.

Cuando el cronómetro se detenga, retira la bolsa, transfiérala a la sartén y revuelve hasta que esté dorada. Sazona el miso. Dejar de lado. Calienta una sartén a fuego medio y agrega los tomates, la mostaza y la quinua. Mezclar con jugo de limón y perejil. Servir con una mezcla de verduras y tomates.

Ensalada de rábano y albahaca

Tiempo de preparación + tiempo de cocción: 50 minutos | Comidas: 2

Ingredientes:

20 rábanos pequeños, cortados en rodajas
1 cucharada de vinagre de vino blanco
¼ taza de albahaca picada
½ taza de queso feta
1 cucharadita de azúcar
1 cucharada de agua
¼ cucharadita de sal

instrucciones:

Preparar un baño maría y colocar en él el sous vide. Ajuste a 200 F. Coloque los rábanos en una bolsa grande con cierre y agregue el vinagre, el azúcar, la sal y el agua. Agítelos juntos. Liberar el aire exprimiendo el agua, sellar y sumergir en un baño de agua. Cocine por 30 minutos. Cuando el cronómetro se detenga, retira la bolsa y déjala enfriar en el baño de hielo. Servir caliente. Sirva espolvoreado con albahaca y queso feta.

mezcla de pimientos

Tiempo de preparación + tiempo de cocción: 35 minutos | Comidas: 2

Ingredientes:

1 pimiento rojo, picado
1 pimiento amarillo, picado
1 pimiento verde, picado
1 pimiento naranja grande, picado
Sal al gusto

instrucciones:

Hacer un baño maría, ponerle el Sous Vide y ponerlo a 183 F. Colocar todos los pimientos con la sal en una bolsa sellada al vacío. Liberar el aire exprimiendo el agua, sellar y sumergir en un baño de agua. Configure el cronómetro en 15 minutos. Cuando el cronómetro se detenga, retira y abre la bolsa. Servimos los pimientos con jugo como guarnición.

Quinua, cúrcuma y cilantro

Tiempo de preparación + cocción: 105 minutos | Comidas: 6

Ingredientes:

3 tazas de quinua

2 tazas de crema espesa

½ taza de agua

3 cucharadas de hojas de cilantro

2 cucharaditas de cúrcuma en polvo

1 cucharada de mantequilla

½ cucharadita de sal

instrucciones:

Preparar un baño maría y colocar en él el sous vide. Establezca a 180F.

Coloca todos los ingredientes en una bolsa sellada al vacío. Revuelva para combinar bien. Liberar el aire exprimiendo el agua, cerrar y sumergir la bolsa en un baño maría. Configure el cronómetro en 90 minutos. Cuando el cronómetro se detenga, retire la bolsa. Servir caliente.

Frijoles blancos con orégano

Tiempo de preparación + tiempo de cocción: 5 horas 15 minutos | Comidas: 8

Ingredientes:

12 onzas de frijoles blancos

1 taza de pasta de tomate

8 onzas de caldo de verduras

1 cucharada de azúcar

3 cucharadas de mantequilla

1 taza de cebolla picada

1 pimiento morrón, picado

1 cucharada de orégano

2 cucharaditas de pimentón

instrucciones:

Preparar un baño maría y colocar en él el sous vide. Establezca en 185F.

Mezclar todos los ingredientes en una bolsa cerrada al vacío. Revuelve para combinar. Liberar el aire exprimiendo el agua, cerrar y sumergir la bolsa en un baño maría. Configure el temporizador en

5 horas. Cuando el cronómetro se detenga, retire la bolsa. Servir caliente.

Ensalada de patatas y dátiles

Tiempo de preparación + cocción: 3 horas 15 minutos | Comidas: 6

Ingredientes:

2 libras de papas cortadas en cubitos

5 onzas de dátiles picados

½ taza de queso de cabra desmoronado

1 cucharadita de orégano

1 cucharada de aceite de oliva

1 cucharada de jugo de limón

3 cucharadas de mantequilla

1 cucharadita de cilantro

1 cucharadita de sal

1 cucharada de perejil picado

¼ de cucharadita de ajo en polvo

instrucciones:

Preparar un baño maría y colocar en él el sous vide. Establezca a 190F.

Coloca en una bolsa cerrada al vacío las patatas, la mantequilla, los dátiles, el orégano, el cilantro y la sal. Liberar el aire exprimiendo el agua, cerrar y sumergir la bolsa en un baño maría. Configure el temporizador en 3 horas.

Cuando se detenga el cronómetro, retira la bolsa y transfiérala al bol. Mezcle el aceite de oliva, el jugo de limón, el perejil y el ajo en polvo y rocíe sobre la ensalada. Si usas queso, espolvoréalo.

Pimientos

Tiempo de preparación + tiempo de cocción: 3 horas 10 minutos | Comidas: 4

Ingredientes:

10 onzas de sémola
4 cucharadas de mantequilla
1 ½ cucharaditas de pimentón
10 onzas de agua
½ cucharadita de sal de ajo

instrucciones:

Preparar un baño maría y colocar en él el sous vide. Establezca a 180F.

Coloca todos los ingredientes en una bolsa sellada al vacío. Mezclar con una cuchara hasta que esté bien combinado. Liberar el aire exprimiendo el agua, cerrar y sumergir la bolsa en un baño maría. Configure el temporizador en 3 horas. Cuando el cronómetro se detenga, retire la bolsa. Divida en 4 tazones para servir.

Una mezcla de verduras de uva.

Tiempo de preparación + tiempo de cocción 105 minutos | Comida: 9)

Ingredientes:

8 batatas, cortadas en rodajas

2 cebollas moradas, rebanadas

4 onzas de tomates, hechos puré

1 cucharadita de ajo picado

Sal y pimienta negra al gusto

1 cucharadita de jugo de uva

instrucciones:

Preparar un baño maría y colocar en él el sous vide. Ajuste a 183 F. Coloque todos los ingredientes con ¼ de taza de agua en una bolsa sellable al vacío. Liberar el aire exprimiendo el agua, cerrar y sumergir la bolsa en un baño maría. Configure el cronómetro en 90 minutos. Cuando el cronómetro se detenga, retire la bolsa. Servir caliente.

Plato de menta con garbanzos y champiñones.

Tiempo de preparación + tiempo de cocción: 4 horas 15 minutos | Comidas: 8

Ingredientes:

9 onzas de champiñones
3 tazas de caldo de verduras
1 libra de garbanzos, remojados durante la noche y escurridos
1 cucharadita de mantequilla
1 cucharadita de pimentón
1 cucharada de mostaza
2 cucharadas de jugo de tomate
1 cucharadita de sal
¼ taza de menta picada
1 cucharada de aceite de oliva

instrucciones:

Preparar un baño maría y colocar en él el sous vide. Ajuste a 195 F. Coloque la sopa y los garbanzos en una bolsa sellada al vacío. Liberar el aire exprimiendo el agua, cerrar y sumergir la bolsa en un baño maría. Configure el temporizador en 4 horas.

Cuando el cronómetro se detenga, retire la bolsa. Calienta el aceite en una sartén a fuego medio. Agrega los champiñones, el jugo de tomate, el pimentón, la sal y la mostaza. Hervir durante 4 minutos. Escurrir los garbanzos y añadirlos a la sartén. Cocine por otros 4 minutos. Agrega la mantequilla y la menta.

caponata de verduras

Tiempo de preparación + cocción: 2 horas 15 minutos | Comidas: 4

Ingredientes:

4 tomates enlatados, triturados

2 pimientos, cortados en rodajas

2 calabacines, cortados en rodajas

½ cebolla picada

2 berenjenas, cortadas en rodajas

6 dientes de ajo picados

2 cucharadas de aceite de oliva

6 hojas de albahaca

Sal y pimienta negra al gusto

instrucciones:

Preparar un baño maría y colocar en él el sous vide. Ajuste a 185 F. Combine todos los ingredientes en una bolsa sellada al vacío. Liberar el aire exprimiendo el agua, cerrar y sumergir la bolsa en un baño maría. Configure el temporizador durante 2 horas. Cuando el cronómetro se detenga, transfiéralo a un plato para servir.

Acelgas al vapor con lima

Tiempo de preparación + tiempo de cocción: 25 minutos | Comidas: 2

2 libras de acelgas

4 cucharadas de aceite de oliva virgen extra

2 dientes de ajo machacados

1 lima entera, exprimida

2 cucharadas de sal marina

instrucciones:

Enjuague bien las acelgas y déjelas escurrir en un colador. Picar en trozos grandes con un cuchillo afilado y transferir a un tazón grande. Mezcla 4 cucharadas de aceite de oliva, ajo machacado, jugo de lima y sal marina. Transfiera a una bolsa de vacío grande y ciérrela. Cocine al vacío durante 10 minutos a 180 grados.

Brebaje de vegetales de raíz

Tiempo de preparación + cocción: 3 horas 15 minutos | Comidas: 4

Ingredientes:

2 chirivías, peladas y picadas
1 remolacha pelada y picada
1 batata grande, pelada y cortada en rodajas
1 cucharada de mantequilla
Sal y pimienta negra al gusto
Una pizca de nuez moscada
¼ cucharadita de tomillo

instrucciones:

Preparar un baño maría y colocar en él el sous vide. Ajuste a 185 F. Coloque las verduras en una bolsa sellada al vacío. Liberar el aire exprimiendo el agua, sellar y sumergir en un baño de agua. Cocine por 3 horas. Cuando esté listo, retira la bolsa y tritura las verduras con un machacador de patatas. Incorpora el resto de los ingredientes.

Repollo y pimientos en salsa de tomate

Tiempo de preparación + cocción: 4 horas 45 minutos | Comidas: 6

Ingredientes:

2 libras de repollo, picado

1 taza de pimentón picado

1 taza de pasta de tomate

2 cebollas, rebanadas

1 cucharada de azúcar

Sal y pimienta negra al gusto

1 cucharada de cilantro

1 cucharada de aceite de oliva

instrucciones:

Preparar un baño maría y colocar en él el sous vide. Establezca en 184F.

Coloca la col y la cebolla en una bolsa de vacío y sazona con pimienta. Agrega la pasta de tomate y revuelve para combinar bien. Liberar el aire exprimiendo el agua, cerrar y sumergir la bolsa en un baño maría. Configure el cronómetro en 4 horas y 30 minutos. Cuando el cronómetro se detenga, retire la bolsa.

Plato de lentejas y tomate

Tiempo de preparación + cocción: 105 minutos | Comidas: 8

Ingredientes:

2 tazas de lentejas
1 lata de tomates picados, sin pelar
1 taza de guisantes verdes
3 tazas de caldo de verduras
3 vasos de agua
1 cebolla, picada
1 zanahoria, picada
1 cucharada de mantequilla
2 cucharadas de mostaza
1 cucharadita de pimiento rojo
2 cucharadas de jugo de limón
Sal y pimienta negra al gusto

instrucciones:

Preparar un baño maría y colocar en él el sous vide. Ajuste a 192 F. Coloque todos los ingredientes en una bolsa de vacío grande. Libera el aire exprimiendo el agua, cierra y sumérgete en la tina. Cocine por 90 minutos. Cuando se detenga el cronómetro, retire la bolsa, transfiérala a un tazón grande y mezcle antes de servir.

Pilaf de arroz con pimentón y pasas

Tiempo de preparación + tiempo de cocción: 3 horas 10 minutos | Comidas: 6

Ingredientes:

2 tazas de arroz blanco

2 tazas de caldo de verduras

⅔ taza de agua

3 cucharadas de pasas picadas

2 cucharadas de crema agria

½ taza de cebolla morada picada

1 pimiento morrón, picado

Sal y pimienta negra al gusto

1 cucharadita de tomillo

instrucciones:

Preparar un baño maría y colocar en él el sous vide. Establezca a 180F.

Coloca todos los ingredientes en una bolsa sellada al vacío. Revuelva para combinar bien. Liberar el aire exprimiendo el agua, cerrar y sumergir la bolsa en un baño maría. Configure el temporizador en 3 horas. Cuando el cronómetro se detenga, retire la bolsa. Servir caliente.

Sopa de yogur con comino

Tiempo de preparación + tiempo de cocción: 2 horas 20 minutos | Comidas: 4

Ingredientes

1 cucharada de aceite de oliva

1 ½ cucharaditas de semillas de alcaravea

1 cebolla mediana, picada

Pelar y cortar en rodajas finas 1 puerro

Sal al gusto

2 libras de zanahorias picadas

1 hoja de laurel

3 tazas de caldo de verduras

½ taza de yogur de leche entera

vinagre de manzana

hojas frescas de eneldo

Instrucción

Preparar un baño maría y colocar en él el sous vide. Ponga a 186 F. En una sartén grande, caliente el aceite de oliva a fuego medio y agregue el comino. Fríelos durante 1 minuto. Agrega la cebolla, la sal y el puerro y cocina durante 5-7 minutos hasta que estén tiernos.

En un tazón grande, combine la cebolla, la hoja de laurel, la zanahoria y 1/2 cucharadita de sal.

Extender la mezcla en una bolsa cerrada al vacío. Liberar el aire exprimiendo el agua, cerrar y sumergir la bolsa en un baño maría. Cocine por 2 horas.

Cuando el cronómetro se detenga, retira la bolsa y vierte en un bol. Agrega el caldo de verduras y mezcla. Agrega el yogur. Sazona la sopa con sal y vinagre y sírvela adornada con hojas de eneldo.

Calabaza de verano con mantequilla

Tiempo de preparación + tiempo de cocción: 1 hora 35 minutos | Comidas: 4

Ingredientes

2 cucharadas de mantequilla

¾ taza de cebolla picada

1½ kilogramos de calabaza de verano cortada en rodajas

Sal y pimienta negra al gusto

½ taza de leche entera

2 huevos enteros grandes

½ taza de papas fritas trituradas

Instrucción

Preparar un baño maría y colocar en él el sous vide. Establecer en 175F

Mientras tanto, engrasa varios vasos. Calienta una sartén grande a fuego medio y derrite la mantequilla. Agrega la cebolla y sofríe por 7 minutos. Agrega la calabaza, sazona con sal y pimienta y hornea por 10 minutos. Divida la mezcla en vasos. Dejar enfriar y reservar.

Mezclar la leche, la sal y los huevos en un bol. Sazone con pimienta. Verter la mezcla en vasos, cerrar y sumergir los vasos al baño maría.

Cocine por 60 minutos. Cuando el cronómetro se detenga, retira los frascos y déjalos enfriar durante 5 minutos. Servido sobre papas fritas.

Chutney de curry con nectarinas

Tiempo de preparación + tiempo de cocción: 60 minutos | Comidas: 3

Ingredientes

½ taza de azúcar granulada

½ taza de agua

¼ taza de vinagre de vino blanco

1 diente de ajo, picado

¼ de taza de cebolla blanca, finamente picada

Zumo de 1 lima

2 cucharaditas de jengibre fresco rallado

2 cucharaditas de curry

Una pizca de hojuelas de pimiento rojo

Sal y pimienta negra al gusto

Hojuelas de pimienta al gusto

4 trozos grandes de nectarinas, cortados en aros

¼ taza de albahaca fresca picada

Instrucción

Preparar un baño maría y colocar en él el sous vide. Establezca en 168F.

Calienta una sartén a fuego medio y combina el agua, el azúcar, el vinagre de vino blanco y el ajo. Revuelve hasta que el azúcar se ablande. Agrega el jugo de lima, la cebolla, el curry en polvo, el jengibre y las hojuelas de pimiento rojo. Sazone con sal y pimienta negro. Mezclar bien. Coloca la mezcla en una bolsa cerrada al vacío. Liberar el aire exprimiendo el agua, cerrar y sumergir la bolsa en un baño maría. Cocine por 40 minutos.

Cuando el cronómetro se detenga, retira la bolsa y colócala en el baño de hielo. Transfiera la comida a un plato para servir. Adorne con albahaca.

Mermelada de patatas doradas con romero

Tiempo de preparación + tiempo de cocción: 1 hora 15 minutos | Comidas: 4

Ingredientes

1 libra de patatas con jengibre, en rodajas

Sal al gusto

¼ cucharadita de pimienta blanca molida

1 cucharadita de romero fresco picado

2 cucharadas de mantequilla entera

1 cucharada de aceite de maíz

Instrucción

Preparar un baño maría y colocar en él el sous vide. Ajuste a 192 F. Sazone las papas con romero, sal y pimienta. Mezclar las patatas con la mantequilla y el aceite. Colocar en una bolsa sellada al vacío. Liberar el aire exprimiendo el agua, cerrar y sumergir la bolsa en un baño maría. Cocine por 60 minutos. Cuando se detenga el cronómetro, retire la bolsa y transfiérala a un tazón grande. Adorne con mantequilla y sirva.

Peras al curry y crema de coco

Tiempo de preparación + cocción: 1 hora 10 minutos | Comidas: 4

Ingredientes

Coge 2 peras a puñados, pélalas y córtalas en rodajas
1 cucharada de curry
2 cucharadas de crema de coco

Instrucción

Preparar un baño maría y colocar en él el sous vide. Establezca en 186F.

Mezclar todos los ingredientes y colocar en una bolsa sellada al vacío. Liberar el aire exprimiendo el agua, cerrar y sumergir la bolsa en un baño maría. Cocine por 60 minutos. Cuando se detenga el cronómetro, retire la bolsa y transfiérala a un tazón grande. Colocar en platos y servir.

Pasta blanda de brócoli

Tiempo de preparación + cocción: 2 horas 15 minutos | Comidas: 4

Ingredientes

1 cabeza de brócoli, dividida en floretes
½ cucharadita de ajo en polvo
Sal al gusto
1 cucharada de mantequilla
1 cucharada de crema espesa

Instrucción

Preparar un baño maría y colocar en él el sous vide. Ajuste a 183 F. Combine el brócoli, la sal, el ajo en polvo y la crema. Colocar en una bolsa sellada al vacío. Liberar el aire exprimiendo el agua, cerrar y sumergir la bolsa en un baño maría. Cocine por 2 horas.

Cuando el cronómetro se detenga, retira la bolsa y colócala en la licuadora para que se licue. Sazone y sirva.

Deliciosos dátiles y chutney de mango

Tiempo de preparación + tiempo de cocción: 1 hora 45 minutos | Comidas: 4

Ingredientes

2 libras de mango picado

1 cebolla pequeña, picada

½ taza de azúcar moreno claro

¼ de taza de dátiles

2 cucharadas de vinagre de manzana

2 cucharadas de jugo de limón recién exprimido

1½ cucharaditas de mostaza amarilla

1½ cucharaditas de semillas de cilantro

Sal al gusto

¼ cucharadita de curry

¼ de cucharadita de cúrcuma seca

⅛ cucharadita de pimienta de cayena

Instrucción

Preparar un baño maría y colocar en él el sous vide. Establezca en 183F.

Mezclar todos los ingredientes. Colocar en una bolsa sellada al vacío. Liberar el aire exprimiendo el agua, cerrar y sumergir la bolsa en un baño maría. Cocine por 90 minutos. Cuando se detenga el cronómetro, retira la bolsa y vierte en la olla.

Ensalada de mandarina y judías verdes con nueces

Tiempo de preparación + cocción: 1 hora 10 minutos | Comida: 8)

Ingredientes

2 libras de judías verdes, en rodajas

2 mandarinas

2 cucharadas de mantequilla

Sal al gusto

2 onzas de nueces

Instrucción

Preparar un baño maría y colocar en él el sous vide. Ajuste a 186 F. Agregue las judías verdes, la sal y la mantequilla. Colocar en una bolsa sellada al vacío. Agrega la ralladura de mandarina y el jugo. Liberar el aire exprimiendo el agua, cerrar y sumergir la bolsa en un baño maría. Cocine por 1 hora. Cuando el cronómetro se detenga, retire la bolsa y transfiérala a un plato para servir. Espolvorea la piel de mandarina y las nueces por encima.

Crema de guisantes con nuez moscada

Tiempo de preparación + cocción: 1 hora 10 minutos | Comida: 8)

Ingredientes

1 libra de guisantes verdes frescos

1 taza de crema batida

¼ taza de mantequilla

1 cucharada de maicena

¼ cucharadita de nuez moscada molida

4 dientes

2 hojas de laurel

Pimienta negra al gusto

Instrucción

Preparar un baño maría y colocar en él el sous vide. Ajuste a 184 F. Combine la maicena, la nuez moscada y la crema en un tazón. Batir hasta que la maicena se ablande.

Coloca la mezcla en una bolsa cerrada al vacío. Liberar el aire exprimiendo el agua, cerrar y sumergir la bolsa en un baño maría. Cocine por 1 hora. Cuando el cronómetro se detenga, retira la bolsa y desecha la hoja de laurel. servir.

Puré de brócoli sencillo

Tiempo de preparación + tiempo de cocción: 60 minutos | Comidas: 4

Ingredientes

1 cabeza de brócoli
1 taza de caldo de verduras
3 cucharadas de mantequilla
Sal al gusto

Instrucción

Preparar un baño maría y colocar en él el sous vide. Establezca en 186F.

Mezcla el brócoli, la mantequilla y el caldo de verduras. Colocar en una bolsa sellada al vacío. Liberar el aire exprimiendo el agua, cerrar y sumergir la bolsa en un baño maría. Cocine por 45 minutos.

Cuando el cronómetro se detenga, retira la bolsa y cuela. Guarde los jugos para cocinar. Coloca el brócoli en una licuadora y licúa hasta que quede suave. Vierta un poco del jugo de cocción. Sazone con sal y pimienta antes de servir.

Sopa con chile rojo y brócoli

Tiempo de preparación + tiempo de cocción: 1 hora 25 minutos | Comida: 8)

Ingredientes

2 cucharadas de aceite de oliva

1 cebolla grande, picada

2 dientes de ajo, rebanados

Sal al gusto

⅛ cucharadita de hojuelas de chile rojo triturado

1 cabeza de brócoli, dividida en floretes

1 manzana, pelada y cortada en cubitos

6 tazas de caldo de verduras

Instrucción

Preparar un baño maría y colocar en él el sous vide. Establezca en 183F.

Calienta una sartén con aceite a fuego medio hasta que brille. Cocine a fuego lento la cebolla, 1/4 de cucharadita de sal y el ajo durante 7 minutos. Agrega las hojuelas de chile y mezcla bien. Alejar del calor. Déjalo enfriar.

Pon la mezcla de manzanas, brócoli, cebolla y 1/4 de cucharadita de sal en una bolsa con cierre. Liberar el aire exprimiendo el agua, cerrar y sumergir la bolsa en un baño maría. Cocine por 1 hora.

Cuando el reloj se detenga, retira la bolsa y transfiérala a la olla. Vierta sobre el caldo de verduras y mezcle. Sazonar con sal y servir.

Maíz miso con pimiento y sésamo y miel

Tiempo de preparación + tiempo de cocción: 45 minutos | Comidas: 4

Ingredientes

4 mazorcas de maíz

6 cucharadas de mantequilla

3 cucharadas de pasta de miso roja

1 cucharadita de miel

1 cucharadita de pimienta de Jamaica

1 cucharada de aceite de colza

1 cebolla, en rodajas finas

1 cucharadita de semillas de sésamo tostadas

Instrucción

Preparar un baño maría y colocar en él el sous vide. Póngalo a 183 F. Pele el maíz y corte las mazorcas. Cubre cada maíz con 2 cucharadas de mantequilla. Colocar en una bolsa sellada al vacío. Liberar el aire exprimiendo el agua, cerrar y sumergir la bolsa en un baño maría. Cocine por 30 minutos.

Mientras tanto, mezcle 4 cucharadas de mantequilla, 2 cucharadas de pasta de miso, miel, aceite de canola y pimienta de Jamaica en un bol. Mezclar bien. Dejar de lado. Cuando el reloj se pare, retira la bolsa y tuesta el maíz. Extiende la mezcla de miso encima. Adorne con aceite de sésamo y capesant.

Empanadillas de crema con guisantes

Tiempo de preparación + tiempo de cocción: 1 hora 50 minutos | Comidas: 2

Ingredientes

1 rollo de ñoquis
1 cucharada de mantequilla
½ cebolla dulce finamente picada
Sal y pimienta negra al gusto
½ taza de guisantes congelados
¼ taza de crema espesa
½ taza de queso pecorino romano rallado

Instrucción

Preparar un baño maría y colocar en él el sous vide. Ajuste a 183 F. Coloque los ñoquis en una bolsa sellable al vacío. Liberar el aire exprimiendo el agua, cerrar y sumergir la bolsa en un baño maría. Cocine por 1 hora y 30 minutos.

Cuando el cronómetro se detenga, retira la bolsa y déjala a un lado. Calienta una sartén con mantequilla a fuego medio y fríe la cebolla por 3 minutos. Agregue los guisantes congelados y la nata y cocine.

Vierte la salsa de crema sobre los ñoquis, sazona con pimienta y sal y sirve en un plato.

Ensalada de manzana con miel y rúcula

Tiempo de preparación + tiempo de cocción: 3 horas 50 minutos | Comidas: 4

Ingredientes

2 cucharadas de miel

2 manzanas, tomar un puñado, cortar por la mitad y cortar en rodajas

½ taza de nueces, tostadas y picadas

½ taza de queso Grana Padano rallado

4 tazas de rúcula

Sal marina al gusto

Ropa

¼ taza de aceite de oliva

1 cucharada de vinagre de vino blanco

1 cucharadita de mostaza Dijon

1 diente de ajo, picado

Sal al gusto

Instrucción

Preparar un baño maría y colocar en él el sous vide. Ponga a 158 F. Coloque la miel en un frasco de vidrio y caliente por 30 segundos, agregue las manzanas y mezcle bien. Colóquelo en una bolsa sellada al vacío. Liberar el aire exprimiendo el agua, cerrar y sumergir la bolsa en un baño maría. Cocine por 30 minutos.

Cuando el cronómetro se detenga, retire la bolsa y transfiérala al baño de agua helada durante 5 minutos. Mételo en el frigorífico durante 3 horas. Mezcla todos los ingredientes del aderezo en un vaso y agita bien. Déjalo enfriar un rato en el frigorífico.

Mezclar en un bol la rúcula, las nueces y el queso Grana Padano. Agrega rodajas de durazno. Vierta sobre el aderezo. Sazone con sal y pimienta y servir.

Carne de cangrejo con salsa de mantequilla de lima

Tiempo de preparación + tiempo de cocción: 70 minutos | Comidas: 4

Ingredientes

6 dientes de ajo picados
Ralladura y jugo de ½ lima
1 libra de carne de cangrejo
4 cucharadas de mantequilla

Instrucción

Preparar un baño maría y colocar en él el sous vide. Ajuste a 137 F. Mezcle bien la mitad del ajo, la ralladura de lima y la mitad del jugo de lima. Dejar de lado. Coloque la mezcla de carne de cangrejo, mantequilla y lima en una bolsa con cierre. Liberar el aire exprimiendo el agua, cerrar y sumergir la bolsa en un baño maría. Cocine por 50 minutos. Cuando el cronómetro se detenga, retire la bolsa. Escurre los jugos de la cocción.

Calienta la sartén a fuego medio y vierte la mantequilla restante, la mezcla de lima restante y el jugo de lima restante. Sirva el cangrejo en 4 tazones rociados con mantequilla de lima.

Salmón rápido en el lado norte

Tiempo de preparación + tiempo de cocción: 30 minutos | Comidas: 4

Ingredientes

1 cucharada de aceite de oliva
4 filetes de salmón con piel
Sal y pimienta negra al gusto
Ralladura y jugo de 1 limón
2 cucharadas de mostaza amarilla
2 cucharadas de aceite de sésamo

Instrucción

Preparar un baño maría y colocar en él el sous vide. Ajuste a 114 F. Sazone el salmón con sal y pimienta. Mezclar la ralladura y el jugo de limón, el aceite y la mostaza. Coloca el salmón en 2 bolsas selladas al vacío con la mezcla de mostaza. Liberar el aire exprimiendo el agua, sellar y sumergir las bolsas en el baño. Hervir durante 20 minutos. Calienta aceite de sésamo en una sartén. Cuando el cronómetro se detenga, retira el salmón y sécalo. Transfiera el salmón a la sartén y fríalo durante 30 segundos por cada lado.

Deliciosa trucha con salsa de mostaza y tamari

Tiempo de preparación + tiempo de cocción: 35 minutos | Comidas: 4

Ingredientes

¼ taza de aceite de oliva

4 filetes de trucha, pelados y cortados en rodajas

½ taza de salsa Tamari

¼ taza de azúcar moreno claro

2 dientes de ajo, picados

1 cucharada de mostaza Coleman

Instrucción

Preparar un baño maría y colocar en él el sous vide. Ajuste a 130 F. Mezcle la salsa Tamari, el azúcar morena, el aceite de oliva y el ajo. Coloca la trucha en una bolsa sellada al vacío con la mezcla de tamari. Liberar el aire exprimiendo el agua, cerrar y sumergir la bolsa en un baño maría. Cocine por 30 minutos.

Cuando se detenga el cronómetro, retira la trucha y sécala con un paño de cocina. Escurre los jugos de la cocción. Para servir, decora con salsa tamari y mostaza.

Atún en sésamo con salsa de jengibre

Tiempo de preparación + tiempo de cocción: 45 minutos | Comidas: 6

Ingredientes:

atún:

3 filetes de atún

Sal y pimienta negra al gusto

⅓ taza de aceite de oliva

2 cucharadas de aceite de colza

½ taza de semillas de sésamo negro

½ taza de semillas de sésamo blanco

salsa de jengibre:

1 cm de jengibre rallado

2 chalotes, picados

1 ají rojo molido

3 cucharadas de agua

Jugo de 2 ½ limas

1 ½ cucharadas de vinagre de arroz

2 ½ cucharadas de salsa de soja

1 cucharada de salsa de pescado

1 ½ cucharaditas de azúcar

1 manojo de hojas de lechuga

instrucciones:

Empezamos con la salsa: ponemos una cacerola pequeña a fuego lento y añadimos el aceite de oliva. Cuando esté caliente, añade el jengibre y la guindilla. Hervir durante 3 minutos. Agrega el azúcar y el vinagre, mezcla y cocina hasta que el azúcar se disuelva. Agregue agua y deje hervir. Agregue la salsa de soja, la salsa de pescado y el jugo de limón y cocine por 2 minutos. Dejar enfriar.

Haga un baño de agua, colóquelo en Sous Vide y póngalo a 110 F. Sazone el atún con sal y pimienta y colóquelo en 3 bolsas separadas selladas al vacío. Agrega aceite de oliva, escurre la bolsa exprimiendo el agua, ciérrala y sumérgela al baño maría. Configure el cronómetro en 30 minutos.

Cuando el cronómetro se detenga, retira y abre la bolsa. Reserva el atún. Pon la sartén a fuego moderado y añade aceite de colza. Mientras calienta, agregue las semillas de sésamo en el tazón. Secar el atún, espolvorear con semillas de sésamo y freír en aceite caliente por fuera y por dentro hasta que las semillas comiencen a freírse.

Cortar el atún en tiras finas. Cubre el plato con la ensalada y coloca el atún encima de la lechuga. Servir con salsa de jengibre como aperitivo.

Rollitos divinos de cangrejo y limón con ajo

Tiempo de preparación + tiempo de cocción: 60 minutos | Comidas: 4

Ingredientes

4 cucharadas de mantequilla

1 libra de carne de cangrejo cocida

2 dientes de ajo, picados

Ralladura y jugo de ½ limón

½ taza de mayonesa

1 bulbo de hinojo, picado

Sal y pimienta negra al gusto

4 panecillos cortados en rodajas, engrasados y fritos

Instrucción

Preparar un baño maría y colocar en él el sous vide. Ajuste a 137 F. Agregue el ajo, la ralladura de limón y 1/4 taza de jugo de limón. Coloca la carne de cangrejo en una bolsa sellada al vacío con la mezcla de mantequilla y limón. Liberar el aire exprimiendo el agua, cerrar y sumergir la bolsa en un baño maría. Cocine por 50 minutos.

Cuando se detenga el cronómetro, retira la bolsa y transfiérala al bol. Escurre los jugos de la cocción. Mezclar la carne de cangrejo con el resto del jugo de limón, mayonesa, hinojo, eneldo, sal y pimienta. Antes de servir, rellena los rollitos con la mezcla de carne de cangrejo.

Pulpo frito picante con salsa de limón

Tiempo de preparación + tiempo de cocción: 4 horas 15 minutos | Comidas: 4

Ingredientes

5 cucharadas de aceite de oliva
1 libra de tentáculos de calamar
Sal y pimienta negra al gusto
2 cucharadas de jugo de limón
1 cucharada de cáscara de limón
1 cucharada de perejil fresco picado
1 cucharadita de tomillo
1 cucharadita de pimentón

Instrucción

Preparar un baño maría y colocar en él el sous vide. Ponga a 179 F. Corte los tentáculos en trozos medianos. Condimentar con sal y pimienta. Introducir los largos en una bolsa cerrada al vacío con aceite de oliva. Liberar el aire exprimiendo el agua, cerrar y sumergir la bolsa en un baño maría. Cocine por 4 horas.

Cuando el cronómetro se detenga, retira el pulpo y sécalo con un paño de cocina. Escurre los jugos de la cocción. Rocíe con aceite de oliva.

Precalienta el grill a fuego medio y fríe los tentáculos durante 10-15 segundos por cada lado. Dejar de lado. Mezclar bien el jugo de limón, la ralladura de limón, el pimentón, el tomillo y el perejil. Vierte la salsa de limón sobre el pulpo.

Brochetas criollas con camarones

Tiempo de preparación + tiempo de cocción: 50 minutos | Comidas: 4

Ingredientes

Ralladura y jugo de 1 limón
6 cucharadas de mantequilla
2 dientes de ajo, picados
Sal y pimienta blanca al gusto
1 cucharada de condimento criollo
1½ libras de camarones desvenados
1 cucharada de eneldo fresco molido + para decoración
rodajas de limon

Instrucción

Preparar un baño maría y colocar en él el sous vide. Establezca en 137F.

Derrita la mantequilla en una sartén a fuego medio y agregue el ajo, el condimento criollo, la ralladura y el jugo de limón, sal y pimienta. Cocine por 5 minutos hasta que la mantequilla se derrita. Reservar y dejar enfriar.

Coloca los camarones con la mezcla de mantequilla en una bolsa sellada al vacío. Liberar el aire exprimiendo el agua, cerrar y sumergir la bolsa en un baño maría. Cocine por 30 minutos.

Cuando el cronómetro se detenga, retira los camarones y sécalos con un paño de cocina. Escurre los jugos de la cocción. Antes de servir, rellena los camarones y decora con eneldo y jugo de limón.

Camarones con salsa picante

Tiempo de preparación + tiempo de cocción: 40 minutos + tiempo de enfriamiento | Comidas: 5

Ingredientes

2 libras de camarones, limpios y pelados
1 taza de puré de tomate
2 cucharadas de salsa de rábano picante
1 cucharadita de jugo de limón
1 cucharadita de salsa tabasco
Sal y pimienta negra al gusto

Instrucción

Preparar un baño maría y colocar en él el sous vide. Póngalo a 137 F. Coloque los camarones en una bolsa sellable al vacío. Libere el aire exprimiendo el agua, cierre y sumerja la bolsa en la bañera. Cocine por 30 minutos.

Cuando se detenga el cronómetro, retire la bolsa y transfiérala a un baño de hielo durante 10 minutos. Dejar enfriar en el frigorífico durante 1-6 horas. Mezcla bien la pasta de tomate, la salsa de rábano picante, la salsa de soja, el jugo de limón, la salsa Tabasco, la sal y la pimienta. Sirve los camarones con la salsa.

Hoja de mar con chalota y estragón

Tiempo de preparación + tiempo de cocción: 50 minutos | Comidas: 2

Ingredientes:

2 libras de filetes de fletán

3 ramitas de hojas de estragón

1 cucharadita de ajo en polvo

1 cucharadita de cebolla en polvo

Sal y pimienta blanca al gusto

2 ½ cucharaditas + 2 cucharaditas de mantequilla

2 chalotas, peladas y cortadas por la mitad

2 ramitas de tomillo

Rodajas de limón para decorar.

instrucciones:

Hacer un baño de agua, poner al vacío y programar a 124 F. Cortar los filetes de fletán en 3 trozos y frotar con sal, ajo en polvo, cebolla en polvo y pimienta. Coloque los filetes, el estragón y 2½ cucharaditas de mantequilla en 3 bolsas con cierre separadas. Libere el aire exprimiendo el agua y selle las bolsas. Colócalos al baño maría y cocina por 40 minutos.

Cuando el reloj se detenga, saca y abre los bolsillos. Pon la sartén a fuego lento y agrega el resto de la mantequilla. Después de calentarlo, retire la piel del fletán y séquelo. Agrega el fletán con chalotas y tomillo y sofríe hasta que esté crujiente por arriba y por abajo. Adorne con rodajas de limón. Servido con verduras al vapor.

Mantequilla de bacalao con hierbas y limón

Tiempo de preparación + cocción: 37 minutos | Comidas: 6

Ingredientes

8 cucharadas de mantequilla

6 filetes de bacalao

Sal y pimienta negra al gusto

Ralladura de ½ limón

1 cucharada de eneldo fresco molido

½ cucharada de cebollino fresco picado

½ cucharada de albahaca fresca picada

½ cucharada de salvia fresca molida

Instrucción

Preparar un baño maría y colocar en él el sous vide. Ajuste a 134 F. Sazone el bacalao con sal y pimienta. Coloca el bacalao y la ralladura de limón en una bolsa cerrada al vacío.

Coloque la mantequilla, la mitad del eneldo, el cebollino, la albahaca y la salvia en una bolsa cerrada al vacío aparte. Liberar el aire exprimiendo el agua, cerrar y sumergir ambas bolsas al baño maría. Cocine por 30 minutos.

Cuando se detenga el cronómetro, retira el bacalao y sécalo con un paño de cocina. Escurre los jugos de la cocción. Saca la mantequilla de la segunda bolsa y viértela en la olla. Adorne con el eneldo restante.

Toma un resoplido de Beurre Nantais

Tiempo de preparación + tiempo de cocción: 45 minutos | Comidas: 6

Ingredientes:

<u>agrupador:</u>
2 libras de mero, cortado en 3 trozos
1 cucharadita de comino en polvo
½ cucharadita de ajo en polvo
½ cucharadita de cebolla en polvo
½ cucharadita de cilantro molido
¼ de taza de condimento para pescado
¼ taza de aceite de nuez
Sal y pimienta blanca al gusto

<u>Burré Blanc:</u>
1 libra de mantequilla
2 cucharadas de vinagre de manzana
2 chalotes, picados
1 cucharadita de pimienta molida
5 onzas de crema espesa,
Sal al gusto
2 ramitas de eneldo
1 cucharada de jugo de limón

1 cucharada de azafrán en polvo

instrucciones:

Haga un baño de agua, ponga el Sous Vide y póngalo a 132 F. Sazone los trozos de mero con sal y pimienta blanca. Colocar en una bolsa cerrada al vacío, desinflar exprimiendo agua, sellar y sumergir la bolsa al baño maría. Configure el cronómetro en 30 minutos. Mezclar el comino, el ajo, la cebolla, el cilantro y las especias para el pescado. Dejar de lado.

Mientras tanto, prepara la beurre blanc. Coloca la sartén a fuego medio y agrega las chalotas, el vinagre y la pimienta. Prepárate para conseguir el almíbar. Reduzca el fuego a bajo y agregue la mantequilla mientras revuelve. Agregue el eneldo, el jugo de limón y el azafrán en polvo y cocine por 2 minutos, revolviendo constantemente. Agrega la nata y sazona con sal. Hervir durante 1 minuto. Apagar el fuego y reservar.

Cuando el cronómetro se detenga, retira y abre la bolsa. Pon la sartén a fuego medio, agrega aceite de nueces. Secar la piel, condimentarla con una mezcla de especias y freírla en aceite caliente. Sirva el mero y la beurre nantais con espinacas fritas.

Copos de atún

Tiempo de preparación + tiempo de cocción: 1 hora 45 minutos | Comidas: 4

Ingredientes:

¼ de libra de filete de atún

1 cucharadita de hojas de romero

1 cucharadita de hojas de tomillo

2 tazas de aceite de oliva

1 diente de ajo, picado

instrucciones:

Hacer un baño maría, ponerle el Sous Vide y ponerlo a 135 F. Poner en una bolsa sellada al vacío el filete de atún, la sal, el romero, el ajo, el tomillo y dos cucharadas de aceite. Liberar el aire exprimiendo el agua, cerrar y sumergir la bolsa en un baño maría. Configure el temporizador en 1 hora y 30 minutos.

Cuando el cronómetro se detenga, retire la bolsa. Coloca el atún en un bol y reserva. Pon la sartén a fuego alto, agrega el aceite de oliva restante. Después de calentar el atún, viértelo. Triture el atún con dos tenedores. Transfiera y almacene en un recipiente hermético con aceite de oliva por hasta una semana. Servimos en ensaladas.

Vieiras en mantequilla

Tiempo de preparación + tiempo de cocción: 55 minutos | Comidas: 3

Ingredientes:

½ libra de vieiras

3 cucharaditas de mantequilla (2 cucharaditas para freír + 1 cucharadita para freír)

Sal y pimienta negra al gusto

instrucciones:

Haga un baño de agua, ponga el Sous Vide y póngalo a 140 F. Seque los mejillones con una toalla de papel. Coloque las almejas, la sal, 2 cucharadas de mantequilla y la pimienta en una bolsa con cierre. Libera el aire exprimiendo el agua, cierra y sumerge la bolsa en un baño de agua y programa el cronómetro en 40 minutos.

Cuando el cronómetro se detenga, retira y abre la bolsa. Secar las vieiras con una toalla de papel y reservar. Coloca la sartén a fuego medio y agrega la mantequilla restante. Una vez derretidos, sofreír los mejillones por ambos lados hasta que estén dorados. Servido con una mezcla de vegetales mantecosos.

sardinas a la menta

Tiempo de preparación + tiempo de cocción: 1 hora 20 minutos | Comidas: 3

Ingredientes:

2 libras de sardinas
¼ taza de aceite de oliva
3 dientes de ajo machacados
1 limón grande, recién exprimido
2 ramitas de menta fresca
Sal y pimienta negra al gusto

instrucciones:

Lavar y limpiar cada pescado, dejando la piel. Secar con papel de cocina.

En un tazón grande, mezcle el aceite de oliva, el ajo, el jugo de limón, la menta fresca, la sal y la pimienta. Coloca las sardinas con la marinada en una bolsa grande cerrada al vacío. Cocinar al baño maría durante una hora a 104 F. Retirar del baño y escurrir, pero reservar la salsa. Vierte la salsa sobre el pescado y los puerros al vapor.

Dorada al vino blanco

Tiempo de preparación + tiempo de cocción: 2 horas | Comidas: 2

Ingredientes:

1 libra de dorada de aproximadamente 1 pulgada de espesor, limpia
1 taza de aceite de oliva virgen extra
1 limón, jugo exprimido
1 cucharada de azúcar
1 cucharada de romero seco
½ cucharadita de orégano seco
2 dientes de ajo machacados
½ taza de vino blanco
1 cucharadita de sal marina

instrucciones:

En un bol grande, mezcle el aceite de oliva, el jugo de limón, el azúcar, el romero, el orégano, el ajo machacado, el vino y la sal. Sumerge el pescado en esta mezcla y déjalo marinar en el frigorífico durante una hora. Retirar del frigorífico y colar, pero reservar el líquido para servir. Coloca los filetes en una bolsa grande al vacío y ciérrala. Cocine un sous vide durante 40 minutos a 122 F. Rocíe el resto de la marinada sobre los filetes y sirva.

Ensalada de salmón y repollo con aguacate

Tiempo de preparación + cocción: 1 hora | Comidas: 3

Ingredientes:

1 libra de filetes de salmón sin piel

Sal y pimienta negra al gusto

½ limón orgánico, exprimido del jugo

1 cucharada de aceite de oliva

1 taza de hojas de repollo, picadas

½ taza de zanahorias asadas, en rodajas

Cortar ½ aguacate maduro en cubos pequeños

1 cucharada de eneldo fresco

1 cucharada de ramitas de perejil fresco

instrucciones:

Salpimentar el filete por ambos lados y colocar en una bolsa grande al vacío. Selle la bolsa y cocine al vacío durante 40 minutos a 122 F. Retire el salmón del baño maría y reserve.

En el bol de una batidora, mezcle el jugo de limón, una pizca de sal y pimienta negra y agregue poco a poco el aceite de oliva, revolviendo constantemente. Agrega el repollo picado y revuelve para cubrir uniformemente con la vinagreta. Agrega las zanahorias asadas, el aguacate, el eneldo y el perejil. Mezcle suavemente para combinar. Transfiera a un bol y sirva con salmón encima.

salmón al jengibre

Tiempo de preparación + tiempo de cocción: 45 minutos | Comidas: 4

Ingredientes:

4 filetes de salmón con piel
2 cucharadas de aceite de sésamo
1 ½ aceite de oliva
2 cucharadas de jengibre rallado
2 cucharadas de azúcar

instrucciones:

Haga un baño de agua, coloque el Sous Vide y póngalo a 124F. Sal y sazona el salmón. Pon los demás ingredientes en un bol y mezcla.

Coloca la mezcla de salmón y azúcar en dos bolsas selladas al vacío, escurre el agua por el método de desplazamiento, cierra y sumerge la bolsa al baño maría. Configure el cronómetro en 30 minutos.

Cuando el cronómetro se detenga, retira y abre la bolsa. Coloca la sartén a fuego medio, coloca un trozo de papel pergamino en el fondo y caliéntala. Agrega el salmón, con la piel hacia abajo, y cocina durante 1 minuto cada uno. Servido con brócoli con mantequilla.

Mejillones en zumo de lima fresco

Tiempo de preparación + tiempo de cocción: 40 minutos | Comidas: 2

Ingredientes:

1 libra de almejas frescas sin mentón

1 cebolla mediana, pelada y finamente picada

Un diente de ajo machacado

½ taza de jugo de lima recién exprimido

¼ de taza de perejil fresco, finamente picado

1 cucharada de romero finamente picado

2 cucharadas de aceite de oliva

instrucciones:

Coloca los mejillones en una bolsa grande al vacío junto con el zumo de lima, el ajo, la cebolla, el perejil, el romero y el aceite de oliva. Cocine un sous vide durante 30 minutos a 122 F. Sirva con una ensalada verde.

Filetes de atún marinados en hierbas

Tiempo de preparación + tiempo de cocción: 1 hora 25 minutos | Comidas: 5

Ingredientes:

2 libras de filetes de atún, de aproximadamente 1 pulgada de grosor
1 cucharadita de tomillo seco, molido
1 cucharadita de albahaca fresca finamente picada
¼ de taza de chalotas finamente picadas
2 cucharadas de perejil fresco, finamente picado
1 cucharada de eneldo fresco, finamente picado
1 cucharadita de piel de limón recién rallada
½ taza de semillas de sésamo
4 cucharadas de aceite de oliva
Sal y pimienta negra al gusto

instrucciones:

Lavar los filetes de atún con agua fría y secar con una toalla de papel. Dejar de lado.

En un tazón grande, combine el tomillo, la albahaca, la chalota, el perejil, el eneldo, el aceite, la sal y la pimienta. Revuelva hasta que estén bien combinados, luego sumerja los filetes en esta marinada. Tapar bien y colocar en el frigorífico durante 30 minutos.

Coloca los filetes marinados en una bolsa grande al vacío. Apriete la bolsa para quitar el aire y cierre la tapa. Cocine un sous vide durante 40 minutos a 131 grados.

Saca los filetes de la bolsa y colócalos sobre papel de cocina. Secar suavemente y retirar las hierbas. Calienta una sartén a fuego alto. Rebozamos los filetes con semillas de sésamo y los pasamos a la sartén. Freír durante 1 minuto por cada lado y retirar del fuego.

Tortitas De Cangrejo

Tiempo de preparación + tiempo de cocción: 65 minutos | Comidas: 4

Ingredientes:

1 libra de trozos de carne de cangrejo
1 taza de cebolla morada, finamente picada
½ taza de pimiento rojo, finamente picado
2 cucharadas de chile, finamente picado
1 cucharada de hojas de apio, finamente picadas
1 cucharada de perejil finamente picado
½ cucharadita de estragón, finamente picado
Sal y pimienta negra al gusto
4 cucharadas de aceite de oliva
2 cucharadas de harina de almendras
3 huevos batidos

instrucciones:

Calienta 2 cucharadas de aceite de oliva en una sartén y agrega la cebolla. Mientras revuelve constantemente, cocine hasta que esté transparente y agregue el pimiento rojo picado y el chile. Cocine por 5 minutos, revolviendo constantemente.

Transfiera a un tazón grande. Agrega la carne de cangrejo, el apio, el perejil, el estragón, la sal, la pimienta, la harina de almendras y el huevo. Mezclar bien y darle forma a la masa en rodajas de 2 cm de diámetro. Divida con cuidado las albóndigas en 2 bolsas de vacío y séllelas. Cocine al vacío durante 40 minutos a 122F.

Calienta el aceite de oliva restante en una sartén antiadherente a fuego alto. Retira las albóndigas del baño maría y colócalas en la sartén. Freír brevemente por ambos lados durante 3-4 minutos y servir.

El chile se está derritiendo

Tiempo de preparación + tiempo de cocción: 1 hora 15 minutos | Comidas: 5

Ingredientes:

1 libra de aromas frescos

½ taza de jugo de limón

3 dientes de ajo machacados

1 cucharadita de sal

1 taza de aceite de oliva virgen extra

2 cucharadas de eneldo fresco, finamente picado

1 cucharada de cebollino picado

1 cucharada de chile molido

instrucciones:

Enjuague la malta con agua fría y escúrrala. Dejar de lado.

En un tazón grande, mezcle el aceite de oliva, el jugo de limón, el ajo prensado, la sal marina, el eneldo finamente picado, el cebollino picado y el chile. Vierte una cucharada en esta mezcla y tapa. Métrelo en el frigorífico durante 20 minutos.

Retirar del frigorífico y colocar en una bolsa grande al vacío junto con la marinada. Cocine al vacío durante 40 minutos a 104 F. Retírelo del baño maría y escúrralo, pero deje líquido.

Calienta una sartén grande a fuego medio. Agregue el brandy y hierva brevemente durante 3-4 minutos, volteando. Retirar del fuego y transferir a un plato para servir. Vierta sobre la marinada y sirva inmediatamente.

Filetes de bagre marinados

Tiempo de preparación + tiempo de cocción: 1 hora 20 minutos | Comidas: 3

Ingredientes:

1 libra de filetes de bagre

½ taza de jugo de limón

½ taza de perejil, finamente picado

2 dientes de ajo machacados

1 taza de cebolla, finamente picada

1 cucharada de eneldo fresco, finamente picado

1 cucharada de hojas frescas de romero, finamente picadas

2 tazas de jugo de manzana recién exprimido

2 cucharadas de mostaza Dijon

1 taza de aceite de oliva virgen extra

instrucciones:

En un tazón grande, mezcle el jugo de limón, el perejil, el ajo picado, la cebolla finamente picada, el eneldo fresco, el romero, el jugo de manzana, la mostaza y el aceite de oliva. Mezclar hasta que esté bien combinado. Remojar el filete en esta mezcla y cubrir con una tapa hermética. Conservar en el frigorífico durante 30 minutos.

Retirar del frigorífico y colocar en 2 bolsas selladas al vacío. Cubra y cocine al vacío durante 40 minutos a 122 F. Retire y escurra; líquido de reserva. Servir con su propio líquido.

Camarones al perejil con limón

Tiempo de preparación + tiempo de cocción: 35 minutos | Comidas: 4

Ingredientes:

12 camarones grandes, pelados y cortados en trozos
1 cucharadita de sal
1 cucharadita de azúcar
3 cucharadas de aceite de oliva
1 hoja de laurel
1 ramita de perejil, picado
2 cucharadas de ralladura de limón
1 cucharada de jugo de limón

instrucciones:

Haga un baño de agua, coloque el Sous Vide dentro y póngalo a 156 F. Agregue los camarones, la sal y el azúcar al bol, mezcle y déjelo reposar por 15 minutos. Coloca las gambas, el laurel, el aceite de oliva y la ralladura de limón en una bolsa cerrada al vacío. Libere el aire exprimiendo el agua y el método de sellado. Remojar en el baño y hervir durante 10 minutos. Cuando el cronómetro se detenga, retira y abre la bolsa. Espolvorea con camarones y rocía con jugo de limón.

Fletán al vacío

Tiempo de preparación + tiempo de cocción: 1 hora 20 minutos | Comidas: 4

Ingredientes:

1 libra de filetes de fletán
3 cucharadas de aceite de oliva
¼ de taza de chalotes, finamente picados
1 cucharadita de piel de limón recién rallada
½ cucharadita de tomillo seco, molido
1 cucharada de perejil fresco, finamente picado
1 cucharadita de eneldo fresco, finamente picado
Sal y pimienta negra al gusto

instrucciones:

Lave el pescado con agua fría y séquelo con una toalla de papel. Cortar en rodajas finas, espolvorear con sal y pimienta. Colóquelo en una bolsa grande con cierre y agregue dos cucharadas de aceite de oliva. Sazone con chalota, tomillo, perejil, eneldo, sal y pimienta.

Apriete la bolsa para quitar el aire y cierre la tapa. Agite la bolsa para cubrir todos los filetes con el condimento y refrigere durante

30 minutos antes de cocinarlos. Cocine al vacío durante 40 minutos a 131 F.

Saca la bolsa del agua y métela en el frigorífico un rato. Colocar sobre papel de cocina y escurrir. Retire las hierbas.

Calienta el aceite restante en una sartén grande a fuego alto. Agrega el filete y sofríe por 2 minutos. Voltee el filete y cocine durante unos 35-40 segundos, luego retírelo del fuego. Vuelva a colocar el pescado sobre una toalla de papel y retire el exceso de grasa. Servir inmediatamente.

Sal con mantequilla de limón

Tiempo de preparación + tiempo de cocción: 45 minutos | Comidas: 3

Ingredientes:

3 filetes de lenguado
1 ½ cucharadas de mantequilla sin sal
¼ taza de jugo de limón
½ cucharadita de ralladura de limón
Pimienta limón al gusto
1 ramita de perejil para decorar

instrucciones:

Haga un baño de agua, ponga el Sous Vide y póngalo a 132 F. Seque la suela y póngala en 3 bolsas de vacío separadas. Libere el aire exprimiendo el agua y selle las bolsas. Remojar en un baño de agua y programar el cronómetro en 30 minutos.

Coloca una cacerola pequeña a fuego medio, agrega la mantequilla. Una vez derretido, retirar del fuego. Agrega el jugo de limón y la ralladura de limón y mezcla.

Cuando el cronómetro se detenga, retira y abre la bolsa. Coloque los filetes de dorada en platos, rocíelos con salsa de mantequilla y decore con perejil. Servido con vegetales verdes al vapor.

gulash de albahaca

Tiempo de preparación + tiempo de cocción: 50 minutos | Comidas: 4

Ingredientes:

1 libra de filetes de bacalao

1 taza de tomates asados

1 cucharada de albahaca, seca

1 taza de caldo de pescado

2 cucharadas de puré de tomate

3 tallos de apio, finamente picados

1 zanahoria, picada

¼ taza de aceite de oliva

1 cebolla finamente picada

½ taza de champiñones

instrucciones:

Calienta el aceite de oliva en una sartén grande a fuego medio. Agrega el apio, la cebolla y la zanahoria. Freír durante 10 minutos, revolviendo constantemente. Retirar del fuego y transferir a una bolsa sellada al vacío con los ingredientes restantes. Cocine al vacío durante 40 minutos a 122F.

tilapia sencilla

Tiempo de preparación + cocción: 1 hora 10 minutos | Comidas: 3

Ingredientes

3 filetes de tilapia (4 onzas)
3 cucharadas de mantequilla
1 cucharada de vinagre de manzana
Sal y pimienta negra al gusto

instrucciones:

Prepara un baño de agua, coloca el Sous Vide dentro y ponlo a 124 F. Sazona la tilapia con pimienta y sal y colócala en una bolsa sellada al vacío. Libera el aire exprimiendo el agua y cierra la bolsa. Sumérgelo en un baño de agua y programa el temporizador durante 1 hora.

Cuando el cronómetro se detenga, retira y abre la bolsa. Coloca la sartén a fuego medio y agrega la mantequilla y el vinagre. Cocine, revolviendo constantemente, hasta que el vinagre se reduzca a la mitad. Añade la tilapia y sofríe. Sazone con sal y pimienta si es necesario. Servido con verduras con mantequilla.

salmón con espárragos

Tiempo de preparación + cocción: 3 horas 15 minutos | Comidas: 6

Ingredientes:

1 libra de filetes de salmón salvaje

1 cucharada de aceite de oliva

1 cucharada de orégano seco

12 espárragos medianos

4 rodajas de cebolla blanca

1 cucharada de perejil fresco

Sal y pimienta negra al gusto

instrucciones:

Sazone el filete por ambos lados con orégano, sal, pimienta y rocíe ligeramente con aceite de oliva.

Colocar en un recipiente grande cerrado al vacío con el resto de los ingredientes. Mezclar todas las especias en un bol. Extienda la mezcla uniformemente por ambos lados del filete y colóquela en una bolsa de vacío grande. Selle la bolsa y cocine al vacío durante 3 horas a 136F.

Curry de caballa

Tiempo de preparación + tiempo de cocción: 55 minutos | Comidas: 3

Ingredientes:

3 filetes de caballa, sin cabeza
3 cucharadas de pasta de curry
1 cucharada de aceite de oliva
Sal y pimienta negra al gusto

instrucciones:

Hacer un baño maría, ponerle el Sous Vide y ponerlo a 120 F. Sazonar la caballa con pimienta y sal y meterla en una bolsa con cierre al vacío. Libere el aire exprimiendo el agua, selle y sumerja en un baño de agua y programe el cronómetro en 40 minutos.

Cuando el cronómetro se detenga, retira y abre la bolsa. Pon la sartén a fuego medio, agrega aceite de oliva. Untar la caballa al curry (no secar la caballa)

Mientras aún está caliente añadir la caballa y sofreír hasta que esté dorada. Sirva con verduras de hojas verdes al vapor.

Pulpo al romero

Tiempo de preparación + cocción: 1 hora y 15 minutos | Comidas: 3

Ingredientes:

1 libra de pulpo fresco, entero
½ taza de aceite de oliva virgen extra
1 cucharada de sal rosa del Himalaya
1 cucharada de romero seco
3 dientes de ajo machacados
3 tomates cherry, cortados por la mitad

instrucciones:

Enjuague bien cada pulpo con agua corriente. Con un cuchillo afilado, retiramos las cabezas y limpiamos cada calamar.

En un tazón grande, mezcle el aceite de oliva con sal, romero seco, tomates cherry y ajo prensado. Sumerge los calamares en esta mezcla y refrigera por 1 hora. Luego retirar y escurrir. Coloca el pulpo y los tomates cherry en una bolsa grande cerrada al vacío. Cocine al vacío durante una hora a 136 F.

Camarones fritos al limón

Tiempo de preparación + tiempo de cocción: 50 minutos | Comidas: 3

Ingredientes:

1 libra de camarones, pelados y desvenados
3 cucharadas de aceite de oliva
½ taza de jugo de limón recién exprimido
1 diente de ajo, machacado
1 cucharadita de romero fresco triturado
1 cucharadita de sal marina

instrucciones:

Mezclar el aceite de oliva con el jugo de limón, el ajo machacado, el romero y la sal. Cubre cada camarón con la mezcla y colócalos en una bolsa grande sellada al vacío. Cocine al vacío durante 40 minutos a 104 F.

Pulpo a la brasa

Tiempo de preparación + cocción: 5 horas 20 minutos | Comidas: 3

Ingredientes:

½ libra de tentáculos de calamar medianos, blanqueados
Sal y pimienta negra al gusto
3 cucharadas + 3 cucharadas de aceite de oliva
2 cucharaditas de orégano seco
2 ramitas de perejil fresco, picado
Hielo para un baño de hielo

instrucciones:

Haga un baño de agua, coloque el Sous Vide y póngalo a 171F.

Coloca el pulpo, la sal, 3 cucharaditas de aceite de oliva y la pimienta en una bolsa cerrada al vacío. Liberar el aire exprimiendo el agua, cerrar y sumergir la bolsa en un baño maría. Configure el temporizador en 5 horas.

Cuando el cronómetro se detenga, retira la bolsa y cúbrela con un baño de hielo. Dejar de lado. Precalienta la parrilla.

Cuando la parrilla esté caliente, pasa el pulpo a un plato, agrega 3 cucharadas de aceite de oliva y masajea. Asa el pulpo para que se dore bien por todos lados. Espolvorea con pulpo y adorna con perejil y orégano. Servido con una salsa dulce y picante.

Filetes de salmón salvaje

Tiempo de preparación + tiempo de cocción: 1 hora 25 minutos | Comidas: 4

Ingredientes:

2 libras de filetes de salmón salvaje

3 dientes de ajo machacados

1 cucharada de romero fresco, finamente picado

1 cucharada de jugo de limón recién exprimido

1 cucharada de jugo de naranja recién exprimido

1 cucharadita de piel de naranja

1 cucharadita de sal rosa del Himalaya

1 taza de caldo de pescado

instrucciones:

Mezclar el jugo de naranja con el jugo de limón, el romero, el ajo, la piel de naranja y la sal. Cubre cada filete con la mezcla y refrigera por 20 minutos. Transfiera a una bolsa grande con cierre y agregue el caldo de pescado. Selle la bolsa y cocine al vacío durante 50 minutos a 131F.

Precalienta una sartén grande antiadherente. Retire los filetes de la bolsa de la aspiradora y cocine a la parrilla durante 3 minutos por cada lado hasta que estén ligeramente dorados.

guiso de tilapia

Tiempo de preparación + tiempo de cocción: 65 minutos | Comidas: 3

Ingredientes:

1 libra de filetes de tilapia
½ taza de cebolla, finamente picada
1 taza de zanahorias, finamente picadas
½ taza de hojas de cilantro, finamente picadas
3 dientes de ajo finamente picados
1 taza de pimiento verde, finamente picado
1 cucharadita de condimento italiano
1 cucharadita de pimienta de cayena
½ cucharadita de chile
1 taza de jugo de tomate fresco
Sal y pimienta negra al gusto
3 cucharadas de aceite de oliva

instrucciones:

Calienta el aceite de oliva a fuego medio. Agrega la cebolla picada y sofríe hasta que esté transparente, revolviendo constantemente.

Ahora agregue los pimientos, las zanahorias, el ajo, el cilantro, el condimento italiano, la cayena, el ají, la sal y la pimienta negra. Mezclar bien y cocinar por otros diez minutos.

Retirar del fuego y transferir a una bolsa grande con cierre junto con el jugo de tomate y los filetes de tilapia. Cocine al vacío durante 50 minutos a 122 F. Retírelo del baño maría y sirva.

Mejillones a la mantequilla con bolitas de pimiento

Tiempo de preparación + tiempo de cocción: 1 hora 30 minutos | Comidas: 2

Ingredientes:

4 onzas de almejas enlatadas

¼ de taza de vino blanco seco

1 tallo de apio picado

1 chirivía, cortada en cubitos

1 chalota cortada en cuartos

1 hoja de laurel

1 cucharada de bolitas de pimienta negra

1 cucharada de aceite de oliva

8 cucharadas de mantequilla, temperatura ambiente

1 cucharada de perejil fresco picado

2 dientes de ajo, picados

Sal al gusto

1 cucharadita de pimienta negra recién molida

¼ taza de pan rallado Panko

1 baguette, cortada en rodajas

instrucciones:

Preparar un baño maría y colocar en él el sous vide. Ajuste a 154 F. Coloque los mejillones, las chalotas, el apio, las chirivías, el vino, los granos de pimienta, el aceite de oliva y la hoja de laurel en una bolsa con cierre. Liberar el aire exprimiendo el agua, cerrar y sumergir la bolsa en un baño maría. Cocine por 60 minutos.

Con una batidora, vierte la mantequilla, el perejil, la sal, el ajo y la pimienta molida. Mezcle a velocidad media para combinar. Coloca la mezcla en una bolsa plástica y enrolla. Métetlo en el frigorífico y déjalo enfriar.

Cuando se detenga el cronómetro, retira los caracoles y las verduras. Escurre los jugos de la cocción. Calienta una sartén a fuego alto. Unte las cáscaras con mantequilla, espolvoree con pan rallado y cocine por 3 minutos hasta que se derritan. Sirva con rebanadas calientes de baguette.

trucha al cilantro

Tiempo de preparación + tiempo de cocción: 60 minutos | Comidas: 4

Ingredientes:

2 libras de trucha, 4 piezas
5 dientes de ajo
1 cucharada de sal marina
4 cucharadas de aceite de oliva
1 taza de hojas de cilantro, finamente picadas
2 cucharadas de romero finamente picado
¼ de taza de jugo de limón recién exprimido

instrucciones:

Limpiar y enjuagar bien el pescado. Secar con papel de cocina y espolvorear con sal. Mezclar el ajo con aceite de oliva, cilantro, romero y jugo de limón. Rellena cada pescado con la mezcla. Colocar en bolsas individuales selladas al vacío y cerrar herméticamente. Cocine un sous vide durante 45 minutos a 131 F.

Anillas de calamar

Tiempo de preparación + tiempo de cocción: 1 hora 25 minutos | Comidas: 3

Ingredientes:

2 tazas de aros de calamar
1 cucharada de romero fresco
Sal y pimienta negra al gusto
½ taza de aceite de oliva

instrucciones:

Coloca los aros de pulpo con el romero, la sal, la pimienta y el aceite de oliva en una bolsa de plástico grande y limpia. Cierra la bolsa y agítala unas cuantas veces para sellar bien. Transfiera a un recipiente grande sellado al vacío y selle la bolsa. Cocine al vacío durante 1 hora y 10 minutos a 131 F. Retírelo del baño maría y sirva.

Ensalada de chile con camarones y aguacate

Tiempo de preparación + tiempo de cocción: 45 minutos | Comidas: 4

Ingredientes:

1 cebolla morada picada

Jugo de 2 limas

1 cucharadita de aceite de oliva

¼ de cucharadita de sal marina

⅛ cucharadita de pimienta blanca

1 libra de camarones crudos, pelados y desvenados

1 tomate picado

1 aguacate cortado en cubitos

1 chile verde, sin semillas y cortado en cubitos

1 cucharada de cilantro picado

instrucciones:

Preparar un baño maría y colocar en él el sous vide. Establezca en 148F.

Coloque el jugo de limón, la cebolla morada, la sal marina, la pimienta blanca, el aceite de oliva y los camarones en una bolsa con cierre. Liberar el aire exprimiendo el agua, cerrar y sumergir la bolsa en un baño maría. Cocine por 24 minutos.

Cuando se detenga el cronómetro, retire la bolsa y transfiérala a un baño de hielo durante 10 minutos. Combine los tomates, el aguacate, el pimiento verde y el cilantro en un bol. Vierte el contenido de la bolsa encima.

Hojaldre rojo mantecoso con salsa de cítricos y azafrán

Tiempo de preparación + tiempo de cocción: 55 minutos | Comidas: 4

Ingredientes

4 trozos de salchicha limpia

2 cucharadas de mantequilla

Sal y pimienta negra al gusto

<u>Para la salsa de limón</u>

1 limon

1 pomelo

1 lima

3 naranjas

1 cucharadita de mostaza Dijon

2 cucharadas de aceite de colza

1 cebolla amarilla

1 calabacín, cortado en cubos

1 cucharadita de hilo de azafrán

1 cucharadita de chile picado

1 cucharada de azúcar

3 tazas de caldo de pescado

3 cucharadas de cilantro picado

Instrucción

Preparar un baño maría y colocar en él el sous vide. Ajuste a 132 F. Sazone los filetes de lomo con sal y pimienta y colóquelos en una bolsa sellada al vacío. Liberar el aire exprimiendo el agua, cerrar y sumergir la bolsa en un baño maría. Cocine por 30 minutos.

Pelar la fruta y cortarla en cubos. Calienta el aceite en una sartén a fuego medio y agrega la cebolla y el calabacín. Freír durante 2-3 minutos. Agrega la fruta, el azafrán, la pimienta, la mostaza y el azúcar. Cocine por 1 minuto más. Agrega el caldo de pescado y cocina por 10 minutos. Adorne con cilantro y reserve. Cuando el cronómetro se detenga, retira el pescado y colócalo en un plato. Vierta sobre la salsa de cítricos y azafrán y sirva.

Lomo de bacalao envuelto en sésamo

Tiempo de preparación + tiempo de cocción: 45 minutos | Comidas: 2

Ingredientes

1 filete de bacalao grande
2 cucharadas de pasta de sésamo
1½ cucharaditas de azúcar moreno
2 cucharadas de salsa de pescado
2 cucharadas de mantequilla
semillas de sésamo

Instrucción

Preparar un baño maría y colocar en él el sous vide. Establezca en 131F.

Sumerge el bacalao en una mezcla de azúcar moreno, pasta de sésamo y salsa de pescado. Colocar en una bolsa sellada al vacío. Liberar el aire exprimiendo el agua, cerrar y sumergir la bolsa en un baño maría. Cocine por 30 minutos. Derrita la mantequilla en una sartén a fuego medio.

Cuando se detenga el cronómetro, retira el bacalao, transfiérelo a la sartén y cocina durante 1 minuto. Servir en un plato. Vierta los jugos de la cocción en la sartén y cocine hasta que reduzca. Agrega 1 cucharada de mantequilla y mezcla. Vierte la salsa sobre el bacalao y decora con semillas de sésamo. Servir con arroz.

Salmón cremoso con salsa de espinacas y mostaza

Tiempo de preparación + tiempo de cocción: 55 minutos | Comidas: 2

a míingredientes

4 filetes de salmón sin piel
1 manojo grande de espinacas
½ taza de mostaza Dijon
1 taza de crema espesa
1 taza mitad y mitad crema agria
1 cucharada de jugo de limón
Sal y pimienta negra al gusto

Instrucción

Preparar un baño maría y colocar en él el sous vide. Ajuste a 115 F. Coloque el salmón sazonado en una bolsa sellada al vacío. Liberar el aire exprimiendo el agua, cerrar y sumergir la bolsa en un baño maría. Cocine por 45 minutos.

Calienta una olla a fuego medio y cocina las espinacas hasta que se ablanden. Reduzca el fuego y agregue el jugo de limón, la pimienta y la sal. Continuar cocinando. Calienta una sartén a fuego medio y mezcla la mitad y la mitad con la crema agria y la mostaza de Dijon. Reduzca el fuego y cocine a fuego lento. Condimentar con sal y pimienta. Cuando se detenga el cronómetro, retira el salmón y colócalo en un plato. Vierta sobre la salsa. Servir con espinacas.

Mejillones a la pimienta con ensalada fresca

Tiempo de preparación + tiempo de cocción: 55 minutos | Comidas: 4

Ingredientes

1 libra de vieiras

1 cucharadita de ajo en polvo

½ cucharadita de cebolla en polvo

½ cucharadita de pimentón

¼ cucharadita de pimienta de cayena

Sal y pimienta negra al gusto

<u>Ensalada</u>

3 tazas de granos de elote

½ litro de tomates cherry partidos por la mitad

1 pimiento rojo, cortado en cubitos

2 cucharadas de perejil fresco picado

<u>Ropa</u>

1 cucharada de albahaca fresca

1 limón en cuartos

Instrucción

Preparar un baño maría y colocar en él el sous vide. Establezca en 122F.

Coloca los mejillones en una bolsa sellada al vacío. Condimentar con sal y pimienta. Mezclar el ajo en polvo, el pimentón, la cebolla en polvo y la cayena en un bol. Verter. Liberar el aire exprimiendo el agua, cerrar y sumergir la bolsa en un baño maría. Cocine por 30 minutos.

Mientras tanto, precalienta el horno a 400 F. Coloca los granos de maíz y el pimiento rojo en una fuente para horno. Rocíe con aceite de oliva y sazone con sal y pimienta. Hervir durante 5-10 minutos. Transfiera a un bol y mezcle con el perejil. Mezclar bien los ingredientes del aderezo en un bol y verter sobre los granos de maíz.

Cuando se detenga el cronómetro, retire la bolsa y transfiérala a la sartén caliente. Freír durante 2 minutos por cada lado. Servimos en un plato, los mejillones y la ensalada. Adorne con albahaca y un cuarto de limón.

Deliciosos mejillones con mango

Tiempo de preparación + tiempo de cocción: 50 minutos | Comidas: 4

Ingredientes

1 libra de vieiras grandes

1 cucharada de mantequilla

<u>salsa</u>

1 cucharada de jugo de limón

2 cucharadas de aceite de oliva

<u>Decorar</u>

1 cucharada de ralladura de limón

1 cucharada de piel de naranja

1 taza de mango picado

1 chile serrano en rodajas finas

2 cucharadas de hojas de menta picadas

Instrucción

Coloca los mejillones en una bolsa sellada al vacío. Condimentar con sal y pimienta. Dejar enfriar toda la noche en el frigorífico. Preparar un baño maría y colocar en él el sous vide. Ajuste a 122 F. Libere el aire exprimiendo el agua, selle y sumerja la bolsa en un baño de agua. Cocine durante 15-35 minutos.

Calienta una sartén a fuego medio. Mezclar bien los ingredientes de la salsa en un bol. Cuando se detenga el cronómetro, retire las vieiras, transfiéralas a la sartén y cocine hasta que se doren. Servir en un plato. Vierte sobre la salsa y agrega los ingredientes para decorar.

Puerros y gambas con vinagreta de mostaza

Tiempo de preparación + tiempo de cocción: 1 hora 20 minutos | Comidas: 4

a míingredientes

6 litros
5 cucharadas de aceite de oliva
Sal y pimienta negra al gusto
1 chalota, picada
1 cucharada de vinagre de arroz
1 cucharadita de mostaza Dijon
1/3 libra de camarones cocidos
Perejil fresco picado

Instrucción

Preparar un baño maría y colocar en él el sous vide. Establezca en 183F.

Corta la parte superior del poro y retira la parte inferior. Enjuáguelos con agua fría y rocíelos con 1 cucharada de aceite de oliva. Condimentar con sal y pimienta. Colocar en una bolsa sellada al vacío. Liberar el aire exprimiendo el agua, cerrar y sumergir la bolsa en un baño maría. Cocine por 1 hora.

Mientras tanto, para hacer la vinagreta, combine las chalotas, la mostaza de Dijon, el vinagre y 1/4 taza de aceite de oliva en un bol. Condimentar con sal y pimienta. Cuando el cronómetro se detenga, retire la bolsa y transfiérala al baño de agua helada. Déjalo enfriar. Disponer los puerros en 4 platos y espolvorear con sal. Agrega los camarones y vierte sobre la vinagreta. Adorne con perejil.

Sopa de coco con camarones

Tiempo de preparación + tiempo de cocción: 55 minutos | Comidas: 6

Ingredientes

8 langostinos crudos grandes, pelados y deshuesados

1 cucharada de mantequilla

Sal y pimienta negra al gusto

para sopa

1 libra de calabacín

4 cucharadas de jugo de limón

2 cebollas amarillas, picadas

1-2 chiles rojos pequeños, finamente picados

1 tallo de limoncillo, solo la parte blanca, picado

1 cucharadita de pasta de camarones

1 cucharadita de azúcar

1½ tazas de leche de coco

1 cucharadita de pasta de tamarindo

1 vaso de agua

½ taza de crema de coco

1 cucharada de salsa de pescado

2 cucharadas de albahaca fresca, picada

Instrucción

Preparar un baño maría y colocar en él el sous vide. Ajuste a 142 F. Coloque los camarones y la mantequilla en una bolsa sellada al vacío. Condimentar con sal y pimienta. Liberar el aire exprimiendo el agua, cerrar y sumergir la bolsa en un baño maría. Cocine durante 15-35 minutos.

Mientras tanto, pela los calabacines y quítales las semillas. Cortar en cubos. Agregue la cebolla, la hierba de limón, el chile, la pasta de camarones, el azúcar y 1/2 taza de leche de coco a un procesador de alimentos. Puré.

Calienta una sartén a fuego lento y agrega la cebolla, el resto de la leche de coco, la pasta de tamarindo y el agua. Agrega los calabacines y cocina por 10 minutos.

Cuando el cronómetro se detenga, retira los camarones y colócalos en el caldo. Batir la crema de coco, el jugo de lima y la albahaca. Servir en tazones de sopa.

Salmón a la miel con fideos soba

Tiempo de preparación + tiempo de cocción: 40 minutos | Comidas: 4

Ingredientes

<u>Salmón</u>

6 oz de piel en filetes de salmón

Sal y pimienta negra al gusto

1 cucharadita de aceite de sésamo

1 taza de aceite de oliva

1 cucharada de jengibre fresco, rallado

2 cucharadas de miel

<u>cuarto de sésamo</u>

4 onzas de fideos soba secos

1 cucharada de aceite de semilla de uva

2 dientes de ajo, picados

½ cabeza de coliflor

3 cucharadas de tahini

1 cucharadita de aceite de sésamo

2 cucharadas de aceite de oliva

¼ de lima en jugo

1 cebolla verde picada

¼ de taza de cilantro, picado en trozos grandes

1 cucharadita de semillas de amapola tostadas

Rodajas de limón para decorar.

sésamo para decorar

2 cucharadas de cilantro picado

Instrucción

Preparar un baño maría y colocar en él el sous vide. Ajuste a 123 F. Sazone el salmón con sal y pimienta. Mezcle el aceite de sésamo, el aceite de oliva, el jengibre y la miel en un bol. Agrega el salmón y mezcla en una bolsa sellada al vacío. Agitar bien. Liberar el aire exprimiendo el agua, cerrar y sumergir la bolsa en un baño maría. Hervir durante 20 minutos.

Mientras tanto, prepara los fideos soba. Calentar el aceite de uva en una sartén a fuego alto y sofreír la coliflor con ajo durante 6-8 minutos. En un bol, mezcle bien el tahini, el aceite de oliva, el aceite de sésamo, el jugo de lima, el cilantro, la cebolla verde y las semillas de sésamo tostadas. Escurre la pasta y agrégala a la coliflor.

Calienta una sartén a fuego alto. Cubrir con papel de horno. Cuando se detenga el cronómetro, retira el salmón y transfiérelo a la sartén. Freír por 1 minuto. Sirve la pasta en dos tazones y agrega el salmón. Adorne con rodajas de lima, semillas de amapola y cilantro.

Deliciosa langosta con mayonesa

Tiempo de preparación + tiempo de cocción: 40 minutos | Comidas: 2

Ingredientes

2 colas de langosta

1 cucharada de mantequilla

2 cebollas dulces, picadas

3 cucharadas de mayonesa

Sal al gusto

Una pizca de pimienta negra

2 cucharaditas de jugo de limón

Instrucción

Preparar un baño maría y colocar en él el sous vide. Establezca en 138F.

Calienta el agua en una cacerola a fuego alto hasta que hierva. Abre los caparazones de la cola de langosta y sumérgelos en agua. Cocine por 90 segundos. Transfiera a un baño de agua helada. Dejar enfriar durante 5 minutos. Rompe las cáscaras y quita las colas.

Coloca las colas engrasadas en una bolsa sellada al vacío. Liberar el aire exprimiendo el agua, cerrar y sumergir la bolsa en un baño maría. Cocine por 25 minutos.

Cuando el cronómetro se detenga, retira las colas y sécalas. Siéntate a un lado. Dejar enfriar durante 30 minutos. Mezcle la mayonesa, la cebolla dulce, el pimiento y el jugo de limón en un bol. Pica las remolachas, agrégalas a la mezcla de mayonesa y mezcla bien. Servido con pan tostado.

Cóctel de fiesta con camarones

Tiempo de preparación + tiempo de cocción: 40 minutos | Comidas: 2

Ingredientes

1 libra de camarones, pelados y desvenados

Sal y pimienta negra al gusto

4 cucharadas de eneldo fresco, picado

1 cucharada de mantequilla

4 cucharadas de mayonesa

2 cucharadas de cebolla verde, picada

2 cucharaditas de jugo de limón recién exprimido

2 cucharaditas de puré de tomate

1 cucharada de salsa tabasco

4 rollos longitudinales

8 hojas de lechuga

½ limón, cortado en octavos

Instrucción

Preparar un baño maría y colocar en él el sous vide. Ajuste a 149 F. Mezcle bien la mayonesa, las cebollas verdes, el jugo de limón, la pasta de tomate y la salsa Tabasco al gusto. Condimentar con sal y pimienta.

Coloca los camarones y las especias en una bolsa sellada al vacío. Agregue 1 cucharada de eneldo y 1/2 cucharada de mantequilla a cada envoltura. Liberar el aire exprimiendo el agua, cerrar y sumergir la bolsa en un baño maría. Hervir durante 15 minutos.

Precaliente el horno a 400 F. y hornee por 15 minutos. Cuando el cronómetro se detenga, retira la bolsa y cuela. Coloca los camarones en el bol con el aderezo y revuelve bien. Servido sobre rollitos de ensalada de limón.

Salmón al limón con hierbas

Tiempo de preparación + tiempo de cocción: 45 minutos | Comidas: 2

Ingredientes

2 filetes de salmón sin piel
Sal y pimienta negra al gusto
¾ taza de aceite de oliva virgen extra
1 chalota, cortada en aros finos
1 cucharada de hojas de albahaca, finamente picadas
1 cucharadita de pimienta de Jamaica
3 onzas de vegetales mixtos
1 limon

Instrucción

Preparar un baño maría y colocar en él el sous vide. Establezca en 128F.

Coloca el salmón y sazona con sal y pimienta en una bolsa cerrada al vacío. Agregue los aros de chalota, el aceite de oliva, la pimienta de Jamaica y la albahaca. Liberar el aire exprimiendo el agua, cerrar y sumergir la bolsa en un baño maría. Cocine por 25 minutos.

Cuando se detenga el cronómetro, retira la bolsa y transfiere el salmón a un plato. Mezclar los jugos de la cocción con un poco de jugo de limón y decorar con los filetes de salmón. servir.

Colas de langosta con mantequilla salada

Tiempo de preparación + cocción: 1 hora 10 minutos | Comidas: 2

Ingredientes

8 cucharadas de mantequilla

2 colas de langosta, sin cáscara

2 ramitas de estragón fresco

2 cucharadas de salvia

Sal al gusto

rodajas de limon

Instrucción

Preparar un baño maría y colocar en él el sous vide. Establezca en 134F.

Coloque las colas de langosta, la mantequilla, la sal, la salvia y el estragón en una bolsa con cierre. Liberar el aire exprimiendo el agua, cerrar y sumergir la bolsa en un baño maría. Cocine por 60 minutos.

Cuando el cronómetro se detenga, retira la bolsa y transfiere la langosta a un plato. Unte mantequilla encima. Adorne con rodajas de limón.

Salmón tailandés con coliflor y fideos de huevo

Tiempo de preparación + tiempo de cocción: 55 minutos | Comidas: 2

Ingredientes

2 filetes de salmón con piel
Sal y pimienta negra al gusto
1 cucharada de aceite de oliva
4½ cucharadas de salsa de soja
2 cucharadas de jengibre fresco picado
2 chiles tailandeses en rodajas finas
6 cucharadas de aceite de sésamo
4 onzas de fideos de huevo preparados
6 onzas de floretes de coliflor cocidos
5 cucharaditas de semillas de sésamo

Instrucción

Preparar un baño maría y colocar en él el sous vide. Ajuste a 149 F. Prepare una bandeja para hornear forrada con papel de aluminio y coloque el salmón, sazone con sal y pimienta y cubra con papel de aluminio adicional. Hornear en el horno durante 30 minutos.

Sacar el salmón al horno a una bolsa de vacío. Liberar el aire exprimiendo el agua, cerrar y sumergir la bolsa en un baño maría. Cocine por 8 minutos.

En un bol, mezcle el jengibre, el chile, 4 cucharadas de salsa de soja y 4 cucharadas de aceite de sésamo. Cuando se detenga el cronómetro, retira la bolsa y transfiere el salmón al tazón de fideos. Adorne con semillas tostadas y corteza de salmón. Rocíe con salsa de jengibre y chile y sirva.

Lubina ligera con eneldo

Tiempo de preparación + tiempo de cocción: 35 minutos | Comidas: 3

Ingredientes

1 libra de lubina chilena sin piel

1 cucharada de aceite de oliva

Sal y pimienta negra al gusto

1 cucharada de eneldo

Instrucción

Preparar un baño maría y colocar en él el sous vide. Ponga a 134 F. Sazone la lubina con sal y pimienta y colóquela en una bolsa sellada al vacío. Agrega el eneldo y el aceite de oliva. Liberar el aire exprimiendo el agua, cerrar y sumergir la bolsa en un baño maría. Cocine por 30 minutos. Cuando se detenga el cronómetro, retira la bolsa y transfiere el tiburón a un plato.

Camarones fritos con chile dulce

Tiempo de preparación + tiempo de cocción: 40 minutos | Comidas: 6

Ingredientes

1 ½ libras de camarones

3 chiles rojos secos

1 cucharada de jengibre rallado

6 dientes de ajo machacados

2 cucharadas de champán

1 cucharada de salsa de soja

2 cucharadas de azúcar

½ cucharadita de maicena

3 cebollas verdes, picadas

Instrucción

Preparar un baño maría y colocar en él el sous vide. Establezca en 135F.

Mezcle el jengibre, los dientes de ajo, el chile, el champán, el azúcar, la salsa de soja y la maicena. Coloca los camarones pelados con la mezcla en una bolsa cerrada al vacío. Liberar el aire exprimiendo el agua, sellar y sumergir en un baño de agua. Cocine por 30 minutos.

Coloca las cebollas verdes en una sartén a fuego medio. Agregue aceite y cocine por 20 segundos. Cuando el cronómetro se detenga, retira los camarones cocidos y colócalos en un bol. Adorne con cebollas. Servir con arroz.

Gambas tailandesas afrutadas

Tiempo de preparación + tiempo de cocción: 25 minutos | Comidas: 4

Ingredientes

2 libras de camarones, pelados y desvenados

4 trozos de papaya pelada y picada

2 chalotes, rebanados

¾ taza de tomates cherry, cortados por la mitad

2 cucharadas de albahaca picada

¼ taza de maní seco tostado

salsa tailandesa

¼ de taza de jugo de lima

6 cucharadas de azúcar

5 cucharadas de salsa de pescado

4 dientes de ajo

4 chiles rojos pequeños

Instrucción

Preparar un baño maría y colocar en él el sous vide. Ajuste a 135 F. Coloque los camarones en una bolsa sellada al vacío. Liberar el aire exprimiendo el agua, cerrar y sumergir la bolsa en un baño maría. Hervir durante 15 minutos. Mezcle bien el jugo de lima, la salsa de pescado y el azúcar en un bol. Triturar el ajo y el chile. Agregue a la mezcla de aderezo.

Cuando el cronómetro se detenga, saca los camarones de la bolsa y colócalos en un bol. Agrega la papaya, la albahaca tailandesa, las chalotas, los tomates y el maní. Glasear con aderezo.

Gambas al limón al estilo Dublín

Tiempo de preparación + tiempo de cocción: 1 hora 15 minutos | Comidas: 4

Ingredientes

4 cucharadas de mantequilla

2 cucharadas de jugo de limón

2 dientes de ajo fresco, picados

1 cucharadita de cáscara de limón fresca

Sal y pimienta negra al gusto

1 libra de camarones grandes, pelados y desvenados

½ taza de pan rallado panko

1 cucharada de perejil fresco, picado

Instrucción

Preparar un baño maría y colocar en él el sous vide. Establezca en 135F.

Calienta 3 cucharadas de mantequilla en una sartén a fuego medio y agrega el jugo de lima, la sal, la pimienta, el ajo y la ralladura. Dejar enfriar durante 5 minutos. Coloca los camarones y mezcla en una bolsa sellada al vacío. Liberar el aire exprimiendo el agua, cerrar y sumergir la bolsa en un baño maría. Cocine por 30 minutos.

Mientras tanto, calentar la mantequilla en una sartén a fuego medio y sofreír el pan rallado panko. Cuando el cronómetro se detenga, retira los camarones y transfiérelos a una olla caliente a fuego alto y cocina con los jugos de la cocción. Sirva en 4 platos hondos y espolvoree con pan rallado.

Jugosos mejillones con salsa de ajo y chile

Tiempo de preparación + tiempo de cocción: 75 minutos | Comidas: 2

Ingredientes

2 cucharadas de curry amarillo

1 cucharada de puré de tomate

½ taza de crema de coco

1 cucharadita de salsa de chile con ajo

1 cucharada de jugo de limón

6 vieiras

Arroz integral cocido para servir

Cilantro fresco, picado

Instrucción

Preparar un baño maría y colocar en él el sous vide. Establezca en 134F.

Mezclar la crema de coco, la pasta de tomate, el curry, el jugo de lima y la salsa de chile y ajo. Coloca la mezcla de mejillones en una bolsa sellada al vacío. Liberar el aire exprimiendo el agua, cerrar y sumergir la bolsa en un baño maría. Cocine por 60 minutos.

Cuando el cronómetro se detenga, retira la bolsa y transfiérala a un plato. Sirva con arroz integral y decore con mejillones. Adorne con cilantro.

Camarones al curry con fideos

Tiempo de preparación + tiempo de cocción: 25 minutos | Comidas: 2

Ingredientes

1 libra de colas de camarón

8 onzas de fideos de pasta, cocidos y escurridos

1 cucharadita de vino de arroz

1 cucharadita de curry

1 cucharada de salsa de soja

1 cebolla verde, en rodajas

2 cucharadas de aceite vegetal

Instrucción

Preparar un baño maría y colocar en él el sous vide. Ajuste a 149 F. Coloque los camarones en una bolsa sellable al vacío. Liberar el aire exprimiendo el agua, cerrar y sumergir la bolsa en un baño maría. Hervir durante 15 minutos.

Calienta el aceite en una sartén a fuego medio y agrega el vino de arroz, el curry y la salsa de soja. Mezclar bien y combinar la pasta. Cuando el cronómetro se detenga, retira los camarones y colócalos en la mezcla de pasta. Adorne con cebolla verde.

Delicioso bacalao a la crema con perejil

Tiempo de preparación + tiempo de cocción: 40 minutos | Comidas: 6

Ingredientes

<u>para bacalao</u>

6 filetes de bacalao

Sal al gusto

1 cucharada de aceite de oliva

3 ramitas de perejil fresco

<u>para la salsa</u>

1 vaso de vino blanco

1 taza mitad y mitad crema agria

1 cebolla blanca finamente picada

2 cucharadas de eneldo picado

2 cucharaditas de pimienta negra

Instrucción

Preparar un baño maría y colocar en él el sous vide. Establezca en 148F.

Colocar los filetes de bacalao salados en bolsas al vacío. Agrega el aceite de oliva y el perejil. Liberar el aire exprimiendo el agua, cerrar y sumergir la bolsa en un baño maría. Cocine por 30 minutos.

Calienta la sartén a fuego medio, agrega el vino, la cebolla, la pimienta negra y cocina hasta que esté suave. Mezclar la crema agria mitad y mitad hasta que espese. Cuando se detenga el cronómetro, coloque el pescado en platos y rocíe con la salsa.

Pot de Rillettes francés con salmón

Tiempo de preparación + tiempo de cocción: 2 horas 30 minutos | Comidas: 2

Ingredientes

½ kg de filete de salmón sin piel

1 cucharadita de sal marina

6 cucharadas de mantequilla

1 cebolla, picada

1 diente de ajo, picado

1 cucharada de jugo de limón

Instrucción

Preparar un baño maría y colocar en él el sous vide. Ajuste a 130 F. Coloque el salmón, la mantequilla sin sal, la sal marina, los dientes de ajo, la cebolla y el jugo de limón en una bolsa con cierre. Liberar el aire exprimiendo el agua, cerrar y sumergir la bolsa en un baño maría. Hervir durante 20 minutos.

Cuando se detenga el cronómetro, retira el salmón y colócalo en 8 tazones pequeños. Sazone con el jugo de cocción. Dejar enfriar durante 2 horas en el frigorífico. Servir con rebanadas de pan tostado.

www.ingramcontent.com/pod-product-compliance
Lightning Source LLC
Chambersburg PA
CBHW071836110526
44591CB00011B/1339